Orientação ao Estudo Sistematizado da Doutrina Espírita – ESDE

Federação Espírita Brasileira

Orientação ao Estudo Sistematizado da Doutrina Espírita — ESDE

2ª Edição

Organização e Coordenação:
Carlos Campetti

Colaboradores:
Iracema Fernandes, Maria do Socorro de Sousa Rodrigues,
Marlene Oliveira, Martha Regina de Melo, Sônia Arruda

FEB

Copyright © 2014 by
FEDERAÇÃO ESPÍRITA BRASILEIRA – FEB

2ª edição – Impressão pequenas tiragens – 2/2023

ISBN 978-85-8485-036-5

Todos os direitos reservados. Nenhuma parte desta publicação pode ser reproduzida, armazenada ou transmitida, total ou parcialmente, por quaisquer métodos ou processos, sem autorização do detentor do *copyright*.

FEDERAÇÃO ESPÍRITA BRASILEIRA – FEB
SGAN 603 – Conjunto F – Avenida L2 Norte
70830-106 – Brasília (DF) – Brasil
www.febeditora.com.br
editorial@febnet.org.br
+55 61 2101 6161

Pedidos de livros à FEB
Comercial
Tel.: (61) 2101 6161 – comercial@febnet.org.br

Dados Internacionais de Catalogação na Publicação (CIP)
(Federação Espírita Brasileira – Biblioteca de Obras Raras)

C195o   Campetti, Carlos Roberto (Org.), 1958–

         Orientação ao Estudo sistematizado da doutrina espírita - ESDE / Organização e coordenação de Carlos Campetti – 2. ed. – Impressão pequenas tiragens – Brasília: FEB, 2023.

         96 p.; 25 cm

         ISBN 978-85-8485-036-5

         1. Espiritismo. I. Federação Espírita Brasileira. II. Título.

                                                                           CDD 133.9
                                                                            CDU 133.7
                                                                            CDE 60.02.00

SUMÁRIO

Apresentação 7

Estudo Sistematizado da Doutrina Espírita nos seus 30 anos 9

Orientação ao ESDE 11

Capítulo 1 – Estudo Sistematizado da Doutrina Espírita 13

    1.1 O que é estudar de forma sistematizada? 13

    1.2 O que se entende por Estudo Sistematizado
    da Doutrina Espírita? 13

    1.3 O que é necessário para elaborar um
    programa de ESDE? 14

    1.4 Como surgiu o ESDE proposto na FEB? 14

    1.5 Quais são os objetivos do ESDE? 14

    1.6 Quais são as características do ESDE? 15

    1.7 Quais são os benefícios do ESDE? 15

    1.8 Quais são as consequências do ESDE? 16

Capítulo 2 – Sobre a metodologia do Estudo Sistematizado
da Doutrina Espírita 19

    2.1 Por que planejar o estudo? 19

    2.2 O que planejar para o estudo? (Ver Apêndice B) 19

    2.3 Por que usar diferentes técnicas e dinâmicas de estudo? . 20

    2.4 Avaliação 23

Capítulo 3 – Como implantar o Estudo Sistematizado
da Doutrina Espírita 27

    3.1 Criar setor ou departamento do ESDE 27

    3.2 Formar as equipes de trabalho 27

3.3 Como selecionar um programa de ESDE?.................... 28

3.4 Montar um espaço para consulta bibliográfica e apoio... 28

3.5 Espaço físico para as turmas... 28

3.6 Plano anual de trabalho.. 29

3.7 Divulgação e inscrição... 29

3.8 Como montar os grupos de estudo?............................. 29

3.9 Como manter o participante no grupo de estudo?...... 30

Capítulo 4 – A integração dos participantes do ESDE nas demais atividades da casa espírita............................ 33

Conclusão.. 35

Apêndice A – Como surgiu o ESDE – Breve histórico............... 37

Apêndice B – O que planejar para o estudo................................. 41

Apêndice C – Atividade contextualizada..................................... 45

Apêndice D – Estudo em grupo.. 49

Apêndice E – Exemplos de avaliações no ESDE......................... 53

Apêndice F – Exemplo de organograma mínimo de ESDE........ 59

Apêndice G – Perfil e atribuições dos colaboradores do ESDE.... 61

Apêndice H – Exemplo de um plano de trabalho....................... 65

Anexo A – Como organizar uma sala de consulta bibliográfica e apoio... 83

Referências... 93

APRESENTAÇÃO

O que é esse documento?

É a descrição do que é o Estudo Sistematizado da Doutrina Espírita (ESDE), sua proposta para o Movimento Espírita e como implantá-lo.

O que ele pretende?

Objetiva subsidiar as Casas Espíritas e os trabalhadores na implantação, no acompanhamento e na manutenção do ESDE.

Como ele foi elaborado?

Esta *Orientação ao Estudo Sistematizado da Doutrina Espírita – ESDE* é um trabalho coletivo do movimento espírita, elaborado ao longo dos anos de 2012 e 2013 pela equipe coordenadora do ESDE, com a contribuição de colaboradores das federativas estaduais, em diversas reuniões realizadas em Brasília e nas Comissões Regionais do Conselho Federativo Nacional – CFN, tendo como culminância o seu exame no IV Encontro Nacional do ESDE, realizado em julho de 2013, durante as comemorações dos 30 anos do ESDE. A redação final coube à equipe coordenadora, sendo o documento examinado por comissão designada do CFN e apresentado em sua reunião ordinária de novembro/2013, por Carlos Campetti, diretor da FEB.

Nossos agradecimentos a todos os que, anonimamente, deram sua contribuição para que esta *Orientação ao ESDE* fosse possível, e a nossa expectativa de que ela seja utilizada por todos os trabalhadores do ESDE e de outros grupos de estudo, que, nas casas espíritas espalhadas por todo o Brasil, se dedicam a facilitar o estudo do Espiritismo.

Equipe coordenadora do ESDE

O ESTUDO SISTEMATIZADO DA DOUTRINA ESPÍRITA NOS SEUS 30 ANOS

Desde a Campanha "Comece pelo Começo", lançada pela União das Sociedades Espíritas do Estado de São Paulo, há quarenta anos, e o recebimento da mensagem de Angel Aguarod, em 1976, indicativa da necessidade de um estudo sistemático, passando pela elaboração e lançamento da "Campanha do Estudo Sistematizado da Doutrina Espírita", em 1983, até os nossos dias, a conscientização quanto à importância do estudo regular do Espiritismo nas Casas Espíritas tem se ampliado sempre.

Os resultados alcançados ao longo do tempo evidenciam que a filosofia do Estudo Sistematizado da Doutrina Espírita (ESDE) reflete a proposta do Espiritismo de transformação moral dos indivíduos a partir da fé raciocinada. No conceito espírita, fé significa mais do que simples crença, pois resgata o conceito que Jesus e seus primeiros seguidores utilizavam. Nessa proposta renovadora, fé é sinônimo de fidelidade, sintonia, respeito e observância da Lei divina, que está inscrita na consciência de cada ser. É *vontade ativa,* porque demanda o conhecimento dessa Lei e de sua aplicação nas relações com o próximo, para que o indivíduo sinta justificada a sua existência. Essa filosofia, no ESDE, se traduz em ações de acolhimento, consolo, esclarecimento, orientação, cooperação, trabalho coletivo e de divulgação pelo exemplo, com a proposta de participação de todos para o desenvolvimento intelecto-moral dos seres humanos. São ações que resultam na humanização das relações entre as pessoas.

O trabalho do ESDE fundamenta-se, pois, nas palavras de Jesus: "Conhecereis a verdade e a verdade vos libertará". No entanto, o ESDE é profundamente relacional, exigindo, em sua própria dinâmica, a interação entre as pessoas. Portanto, cabe aos responsáveis pelas atividades do ESDE nas Instituições Espíritas estar atentos à definição de Emmanuel: "A fraternidade pura é o mais sublime dos sistemas de relações entre as almas" (XAVIER, 2013b, p. 295). Sendo o estudo regular e sistematizado do Espiritismo o seu objeto, o ESDE busca estimular o aprendizado e a vivência do Espiritismo de forma contínua, tendo como base as obras codificadas por Allan Kardec e o Evangelho de Jesus.

O ESDE propõe, assim, à coletividade, a todos os participantes — estudantes, coordenadores, facilitadores ou colaboradores nas atividades de apoio — estudar e vivenciar o Espiritismo de forma regular e contínua, atendendo à moral cristã e aos aspectos evolutivos da ciência e da filosofia.

Desde o começo, destacou-se que o ESDE não concorre com as demais atividades da Instituição Espírita, pois há outras formas de estudo que atendem necessidades diferenciadas, como as atividades da infância e da juventude, o estudo e a prática da mediunidade, as palestras públicas, as ações de acolhimento e apoio material e moral da área de assistência e promoção social, o acolhimento espiritual etc. Realmente, o ESDE, quando bem aplicado e direcionado ao objetivo de promover a integração do indivíduo, atua como instrumento de identificação e de preparação de trabalhadores para todas as áreas da Casa Espírita.

A Federação Espírita Brasileira (FEB), ademais, ao oferecer os programas do ESDE, não tem a pretensão de que sejam os únicos recursos de aprendizagem a serem utilizados no Movimento Espírita, mas apoia outras formas de estudo do Espiritismo, desde que guardem coerência com os postulados da Codificação. Defende, no entanto, que todo estudo sistematizado precisa estar norteado por metodologia que garanta a definição do que se pretende alcançar (objetivos) e a sugestão de possíveis caminhos para o oferecimento da oportunidade do estudo do conteúdo espírita, evitando transformar a reunião em palestra ou, ainda, em perda de tempo com a discussão de quaisquer assuntos ao sabor da "inspiração", sem a garantia de que os participantes, em certo período de tempo, adquiram o conhecimento básico dos princípios e da proposta de renovação individual e coletiva, norteadores da filosofia espírita.

O ESDE oferece aos interessados a oportunidade do estudo conjunto, tornando-os capacitados a buscar por si mesmos, por meio da pesquisa individual, os parâmetros norteadores do seu processo evolutivo, aproveitando a oportunidade da reencarnação para realizar, agora, o que vem adiando, muitas vezes por séculos e até milênios, e que passa necessariamente pelo conhecimento e pelo exercício da fraternidade e da caridade em sua mais ampla expressão. O ESDE, portanto, é estudo que convida à prática da vivência cristã.

É um desafio imenso, que exige a criação e manutenção de ambiente propício à interação, por meio da qual cada um tenha a oportunidade de identificar os elementos que o auxiliem no autoconhecimento e na compreensão do próximo, todos sempre conscientes do propósito da autossuperação e da importância do apoio mútuo.

Equipe do ESDE

ORIENTAÇÃO AO ESDE

Um curso regular de Espiritismo seria professado com o fim de desenvolver os princípios da ciência e de difundir o gosto pelos estudos sérios. Esse curso teria a vantagem de fundar a unidade de princípios... (KARDEC, 2009, p. 441).

Cabe, pois, aos espíritas, responsáveis pelo Movimento Espírita, uma ampla tarefa de divulgação das obras básicas da Doutrina, promovendo um estudo sistemático das mesmas (sic), com chamada de atenção para os aspectos que estão colocados à margem, com graves prejuízos para a assimilação correta dos princípios e bases do Espiritismo e de sua missão.[1]

Um programa de estudo sistematizado da Doutrina Espírita, sem nenhum demérito para todas as nobres tentativas que têm sido feitas ao largo dos anos, num esforço hercúleo para interessar os neófitos no conhecimento consciente da Nova Revelação, é o programa da atualidade sob a inspiração do Cristo.[2]

Ora, há diversidade de dons, mas o Espírito é o mesmo. (I Coríntios, 12:4).

Em todos os lugares e posições, cada qual pode revelar qualidades divinas para a edificação de quantos com ele convivem. Aprender e ensinar constituem tarefas de cada hora, para que colaboremos no engrandecimento do tesouro comum de sabedoria e de amor (XAVIER, 2013a, p. 23 e 24).

---

1 Lançamento da Campanha de Estudo Sistematizado da Doutrina Espírita. Mensagem psicofônica de Angel Aguarod, pela médium Cecília Rocha. In: *Reformador*, ano 102, n. 1.858, p. 24 (28), jan. 1984.

2 Lançamento da Campanha de Estudo Sistematizado da Doutrina Espírita. Mensagem psicofônica de Bezerra de Menezes, pelo médium Divaldo Franco. In: *Reformador*, ano 102, n. 1.858, p. 27 (31), jan. 1984.

CAPÍTULO 1

ESTUDO SISTEMATIZADO DA DOUTRINA ESPÍRITA

1.1 O que é estudar de forma sistematizada?

É construir o conhecimento, partindo de conteúdo mais simples para o mais complexo, com aprofundamento progressivo, de forma planejada, organizada e contínua.

É estudar os temas espíritas, encadeados com lógica, mediante programação previamente elaborada, com sequência, método e coerência.

1.2 O que se entende por Estudo Sistematizado da Doutrina Espírita?

É um programa de estudo metódico, a ser realizado em grupo privativo, fundamentado na Codificação Espírita e em obras complementares reconhecidamente importantes para a compreensão da Doutrina Espírita.

Esse estudo pressupõe:

a) A definição de objetivos;
b) A seleção de conteúdo conforme a delimitação dos objetivos;
c) A utilização de técnicas e dinâmicas que facilitem o entendimento do conteúdo;
d) A avaliação em todos os aspectos do processo de estudo;
e) O replanejamento com vistas a encontrar melhores meios de facilitar a compreensão do conteúdo.

O que diferencia um estudo sistematizado de um estudo sequenciado é a metodologia. No estudo sistematizado, é possível uma visão sistêmica do conteúdo doutrinário no seu tríplice aspecto. Os temas, que separam o conteúdo em partes, são delimitados pelos objetivos e aprofundados por pesquisa bibliográfica. No sequenciado de obra específica, com ou sem inclusão de bibliografia auxiliar ou complementar, o estudo ocorre em ordem sucessiva, do início até o fim da obra.

O programa do ESDE proposto pela FEB é uma referência que pode ser utilizada como exemplo e base para a escolha ou elaboração de programas de estudo para as Casas Espíritas.

1.3 O que é necessário para elaborar um programa de ESDE?

É fundamental constituir uma equipe com conhecimento do Espiritismo, pedagógico e noções de psicologia. É necessário considerar o público a que se destina o material, os objetivos e a metodologia de estudo, os recursos materiais e humanos e os instrumentos de acompanhamento da qualidade de todo o trabalho. É imprescindível flexibilidade no planejamento e na sua execução.

1.4 Como surgiu o ESDE proposto na FEB?

Por iniciativa da Espiritualidade em mensagens transmitidas no Rio Grande do Sul. Posteriormente, em 1982, a Federação Espírita do Rio Grande do Sul propôs ao Conselho Federativo Nacional, que solicitou à FEB, o desenvolvimento de um programa específico para esse fim. Em 1983, foi lançado o primeiro programa do ESDE pela FEB. (Ver histórico no Apêndice A).

1.5 Quais são os objetivos do ESDE?

» Proporcionar condições para estudar o Espiritismo de forma séria, regular e contínua, como meio de aperfeiçoamento moral da humanidade, tendo como base o Evangelho de Jesus, as obras codificadas por Allan Kardec e as subsidiárias, como as de Léon Denis, Camille Flammarion, Emmanuel, André Luiz, Manoel Philomeno de Miranda, Joanna de Ângelis, Yvonne do Amaral Pereira, por exemplo.

» Possibilitar o conhecimento das orientações básicas que os Espíritos superiores transmitiram ao codificador, tais como: Deus, Espírito, matéria, comunicabilidade dos Espíritos, reencarnação, pluralidade de mundos habitados, o bem e o mal, as leis morais, as penas e recompensas futuras, entre outras.

1.6 Quais são as características do ESDE?

O ESDE compõe-se de elementos que o definem como estudo sério e continuado, entre eles:

» Aprofundamento sistematizado de temas espíritas, com base no Evangelho de Jesus, nas obras de Allan Kardec e nas subsidiárias;

» Desenvolvimento do estudo conforme o nível das turmas;

» Programa previamente elaborado ou escolhido dentre os existentes para atender às necessidades de estudo dos participantes da Casa Espírita;

» Preparação de facilitadores para mediar o estudo;

» Favorecimento da integração e concentração dos participantes no estudo;

» Manutenção de ambiente acolhedor entre os trabalhadores e participantes envolvidos;

» Metodologia que proporcione uma melhor compreensão dos conteúdos estudados;

» Busca do amadurecimento dos participantes com o desenvolvimento de habilidades para que sejam efetivamente produtivos pela integração nas atividades da Casa Espírita e pela atuação no ambiente social;

» Estímulo à autonomia da aprendizagem e ao estabelecimento de laços afetivos.

1.7 Quais são os benefícios do ESDE?

Esse curso teria a vantagem de fundar a unidade de princípios, de fazer adeptos esclarecidos, capazes de espalhar as ideias espíritas... (ALLAN KARDEC, "Projeto 1868", inserido em *Obras póstumas*).

Os benefícios são de caráter:

» Pessoal, porque favorece o progresso moral;

» Institucional, para a Casa e para o Movimento Espírita, pelo exercício da fraternidade e pela formação de trabalhadores/multiplicadores;

» Social, pela influência na formação de homens e mulheres de bem capazes de atuar em segmentos não espíritas, interagindo de forma eficiente na sociedade.

Diz Kardec, em *O livro dos espíritos*, na Conclusão, item V: "Por meio do Espiritismo, a humanidade tem que entrar numa nova fase, a do progresso moral, que lhe é consequência inevitável".

André Luiz complementa em *Agenda cristã*, na psicografia de Chico Xavier:

> O conhecimento espírita é orientação para a vida essencial e profunda do ser. Claro que a evolução é lei para todas as criaturas, mas o Espiritismo intervém no plano da consciência, ditando normas de comportamento suscetíveis de traçar caminhos retos à ascensão da alma, sem necessidade de aventuras nos labirintos da ilusão que correspondem a curvas aflitivas de sofrimento.

1.8 Quais são as consequências do ESDE?

> *Somente o progresso moral pode assegurar aos homens a felicidade na Terra refreando as paixões más, fazendo que reine a concórdia, a paz e a fraternidade.* (KARDEC, A gênese, 2013a, p. 366).

O estudo proporciona:

» Diretrizes para a transformação moral;

» A unidade dos princípios espíritas, em decorrência da compreensão e assimilação do conteúdo doutrinário;

» A propagação da Doutrina Espírita nas bases em que foi codificada;

» O desenvolvimento da fé raciocinada;

» A formação de trabalhadores esclarecidos e comprometidos com a Casa e o Movimento Espírita;

» O entendimento do verdadeiro sentido da palavra caridade, conduzindo à sua prática;

» O despertar da consciência para a realidade da vida imortal;

» A participação na sociedade pelo favorecimento de condições propícias para o desenvolvimento da colaboração e da responsabilidade;

» A unificação do Movimento Espírita, conscientizando sobre a expressão de Bezerra de Menezes: "Solidários seremos união, separados uns dos outros, seremos pontos de vista";

» O gosto pela leitura e pelo estudo sério, valorizando o estudo metódico e a pesquisa;

» A construção de uma sociedade solidária, fraterna e justa. Em síntese, uma sociedade evangelizada.

> [...] trabalhemos servindo e sirvamos estudando e aprendendo. E guardemos a convicção de que, na bênção do Senhor, estamos e estaremos todos reunidos uns com os outros, hoje quanto amanhã, agora e sempre.
>
> BEZERRA DE MENEZES, *REFORMADOR*, AGOSTO 2005.

CAPÍTULO 2

SOBRE A METODOLOGIA DO ESTUDO SISTEMATIZADO DA DOUTRINA ESPÍRITA

2.1 Por que planejar o estudo?

Planejar é organizar ações. Todo estudo sério deve ter objetivos precisos e bem definidos, do contrário, tomará rumos diversos e sem aproveitamento. A improvisação causa insegurança no grupo e provoca o descrédito do facilitador. O plano de estudo deverá conter atividades de acolhimento e esclarecimento que despertem o interesse do grupo, promovendo a construção do conhecimento. Um plano mínimo ou um roteiro de atividades deve ser elaborado, observando-se o tempo da reunião, o perfil do grupo e os limites físicos e estruturais da Casa Espírita.

2.2 O que planejar para o estudo? (Ver Apêndice B)

Pode-se planejar o estudo, observando-se: os objetivos, o conteúdo, as dinâmicas ou técnicas, o tempo para cada atividade e a avaliação.

Cada encontro, dessa forma, necessita de um roteiro com os objetivos a serem atendidos, os conteúdos a serem estudados no dia, as dinâmicas de estudo e fechamento, bem como definição dos recursos a serem utilizados para despertar o interesse e a participação do grupo, promovendo constantemente a reflexão, com respeito e fraternidade.

O tempo de cada atividade deve ser bem programado de forma a alcançar todo o conteúdo previsto, sem invadir o roteiro seguinte e, ao mesmo tempo, sem deixar de abordar os argumentos necessários à compreensão do assunto.

2.3 Por que usar diferentes técnicas e dinâmicas de estudo?

O uso das diferentes técnicas e dinâmicas torna o estudo mais interessante e produtivo para os participantes. A repetição frequente da mesma técnica pedagógica ou dinâmica tornará o encontro cansativo. Há, em cada grupo, pessoas com diferentes características. O uso de diferentes técnicas e dinâmicas tem o propósito de alcançar todos os participantes do grupo, de modo a permitir que eles se sintam sujeitos ativos no processo de aprendizagem.

Jesus utilizou diferentes técnicas para explicar e exemplificar o Evangelho. Ele contou histórias, narrou parábolas, argumentou, comparou, discutiu, fez sermões, exemplificou, ilustrou, desenhou, perguntou. Seus discípulos aprendiam com sua amorosa didática, com suas atitudes e ações.

Recomenda-se que, na reunião do ESDE, sejam evitadas longas falas ou exposições do facilitador e que se estimule a participação do grupo na discussão dos assuntos, considerando as manifestações, ao final, para que sejam evidenciadas as ideias principais do conteúdo estudado.

Pesquisa realizada na Universidade Estadual Paulista — Instituto de Biociência (AZEVEDO BORGES, 1999) indica a porcentagem de dados retidos pelos estudantes: 10% do que leem; 20% do que escutam; 30% do que veem; 50% do que veem e discutem; 70% do que dizem e discutem e 90% do que dizem e logo realizam. A pesquisa evidencia a importância da utilização do máximo possível dos sentidos no processo de estudo, ou seja, os melhores recursos de estudo são aqueles que propiciam uma participação efetiva.

O facilitador deverá preparar a reunião, levando em consideração as características regionais e específicas do grupo (perfil e nível de conhecimento dos participantes), o espaço físico e os recursos materiais disponíveis.

Atividades contextualizadas

O centro de interesse no processo de construção do conhecimento no adulto está ligado à sua experiência de vida. O conteúdo precisa oferecer sentido e significado para o seu dia a dia. Os adultos são motivados a aprender quando sentem que suas necessidades e interesses são satisfeitos. Considerando a experiência de vida que o adulto traz, que é fonte de motivação para novos conhecimentos e sua necessidade de autodireção, o papel do facilitador é incentivar e participar do processo de investigação. Se as atividades, portanto, estiverem baseadas na reflexão e na ação, consequentemente, os assuntos serão relacionados com a prática.

Além de atividades que proporcionem a reflexão voltada para situações do cotidiano, sempre que possível, é preciso promover atividades que integrem os participantes em projetos sociais e campanhas do Centro Espírita, conduzindo-os ao exercício da caridade.

O estudo de temas que promovam a paz e o progresso moral individual e coletivo, com repercussão na sociedade e no mundo em que vivemos, é um dos maiores propósitos do ESDE. Não se trata de discussões políticas, em consequência, é salutar o cuidado de conduzir os estudos com objetivos claros e precisos, sem abertura para divagações ou polêmicas partidárias e estéreis. (Apêndice C – Exemplo de atividade contextualizada).

Por que estudar em grupo?

Encontra-se, no capítulo 1, item 5, de *A gênese*, a seguinte afirmação: "Os homens progridem incontestavelmente por si mesmos e pelos esforços da sua inteligência; mas, entregues às próprias forças, só muito lentamente progrediriam, se não fossem auxiliados por outros mais adiantados, como o estudante o é pelos professores".

Estudar em grupo facilita a construção do conhecimento porque estimula os participantes a compartilharem informações, propiciando-lhes não apenas o desenvolvimento do seu próprio entendimento do Espiritismo, mas também o desenvolvimento de suas qualidades morais pelas reiteradas oportunidades de interação grupal.

Uma das características do ESDE é a participação dos interessados no processo de aprendizagem, bem como a reflexão coletiva, por ser rica de informações diversificadas e percepções variadas acerca do mesmo assunto em função da riqueza das experiências individuais. Por meio dos estudos em grupo, da leitura e do comentário das obras da codificação e subsidiárias, dos debates, com a socialização e reflexão de ideias entre participantes e facilitadores, nos reconhecemos uns aos outros como eternos aprendizes e professores. E como diz a escritora Cora Coralina: "ensina o que sabe e aprende com o que ensina". Trata-se, portanto, de um envolvimento efetivo dos participantes, buscando conhecimento e consolação, numa ambiência em que ambos ensinam e aprendem. Quando todo um grupo analisa determinado assunto, a visão desse tema se amplia e se enriquece. (Manual do curso de coordenadores ESDE – UEM). Por isso, o ESDE é mais que uma lista de conteúdos a serem estudados. (Apêndice D – Estudo em grupo).

Por que e como incentivar o estudo individual?

O livro dos espíritos (Introdução, it. 17) esclarece que "[...] a verdadeira Doutrina Espírita está no ensino que os Espíritos deram e nos conhecimentos que esse ensino comporta, que são por demais profundos e extensos para serem adquiridos de qualquer modo que não seja por um estudo perseverante feito no silêncio e no recolhimento".

A construção do conhecimento no ESDE deve ser autodirigida, sendo facilitado pelo incentivo a leituras individuais complementares, além dos estudos realizados no grupo.

Há várias maneiras de incentivar o estudo individual. A experiência revela que o adulto, por característica de autodireção e capacidade de autodidatismo, resiste a todo tipo de imposição. Portanto, incentivar a leitura e a pesquisa é mais eficaz que impor e cobrar leitura de bibliografia. Por exemplo, sugerir, a título de incentivo, que dois ou mais integrantes do grupo preparem o próximo roteiro ou que todos pesquisem, durante a semana, sobre o tema que será estudado no próximo encontro, como subsídio para o aprofundamento.

Por que trabalhar com a pesquisa bibliográfica?

As referências bibliográficas são fontes do conteúdo doutrinário. A bibliografia deve ser objetivamente selecionada com base em critério de conhecimento doutrinário. Portanto, os livros utilizados e citados devem ser espíritas, ou seja, que guardem respeito aos postulados codificados por Allan Kardec.

Os participantes devem ser incentivados ao uso dos livros, de forma tradicional ou eletrônica, para que tenham acesso a essa vasta fonte do conhecimento espírita, não ficando limitados aos conteúdos indicados em subsídios dos roteiros.

A utilização de materiais elaborados com base em conhecimento pedagógico e de textos são recursos didáticos comuns e colaboram com a aprendizagem, mas é importante utilizar as obras para que o grupo aprenda a manusear os livros e saiba onde se encontram os conteúdos estudados. Por exemplo, apresentar alguns livros relacionados com um dos assuntos do semestre para escolha de um ou mais que será(ão) lido(s) pela turma para debate em um dos dias de atividade ou para apresentação de um simpósio por alguns dos participantes, seguido de debate geral em mesa-redonda.

2.4 Avaliação

Avaliar é processo contínuo e permanente de observação do desempenho com vistas à melhoria da qualidade do trabalho. A avaliação pode ser entendida como ferramenta de auxílio no processo de aprendizagem e aperfeiçoamento da tarefa. O processo de avaliação pode ser elaborado e aplicado pela equipe pedagógica ou pessoa responsável por essa atividade na Casa Espírita.

É importante que o monitor/facilitador compartilhe com os participantes de sua turma os resultados da avaliação realizada devendo observar o nível de compreensão do conteúdo, com nova abordagem do tema nas situações em que ficou evidenciada deficiência;

A administração ou pessoa responsável pela avaliação compartilhará com toda a equipe, conforme a área específica avaliada, os resultados positivos e os indicativos de necessidade de melhoria e aperfeiçoamento.

A avaliação é um instrumento para alcançar fins e não um fim em si mesma. Por isso, é importante definir o que vai ser avaliado e o motivo dessa avaliação. O uso da avaliação implica propósito útil, significativo, sempre lembrando que não cabe ao curso avaliar o nível de conhecimento do participante, mas sim se ele compreendeu o assunto tratado.

Lembremo-nos das possibilidades e das limitações dos instrumentos da avaliação para que utilizemos os resultados com bom senso, cujas finalidades implicam:

a) Verificar o quanto os objetivos foram alcançados, para eventualmente fazer um replanejamento da atividade com vistas a atingir o que foi proposto;

b) Iniciar novo planejamento e estabelecer novos objetivos;

c) Indicar os aspectos que precisam ser trabalhados na capacitação e atualização dos monitores/facilitadores;

d) Repensar e reorganizar a estrutura e o funcionamento das atividades.

Os resultados dessas avaliações não podem se perder em relatórios, mas precisam ser compartilhados com os envolvidos na situação específica avaliada e utilizados como contínua alimentação do processo de reflexão.

O que avaliar?

Além da aprendizagem do participante, é bom que também se avaliem atuação, comprometimento, assiduidade, cumprimento de tarefas assumidas, desempenho nas leituras e pesquisas e o relacionamento intra e interpessoal, do grupo participante.

O facilitador também precisa passar pelo processo de avaliação quanto ao seu desempenho, à preparação das reuniões, ao seu conhecimento e comprometimento, à iniciativa e relacionamento com os participantes, bem como sua capacidade de conduzir grupos de forma harmoniosa e produtiva, correlacionando conteúdos estudados com o cotidiano, no processo de apoio à construção do conhecimento.

A avaliação precisa alcançar todos os envolvidos, o processo de estudo e a organização administrativa. Por isso, sugere-se a realização da autoavaliação do participante, a autoavaliação do monitor, a avaliação da infraestrutura, do relacionamento dos grupos de estudo com as demais áreas da Casa Espírita etc. (Ver exemplos de instrumentos de avaliação no Apêndice E).

Quando avaliar?

Os momentos de avaliação devem ocorrer conforme o plano de trabalho previamente estabelecido.

A depender da finalidade a que se destina, a avaliação poderá ocorrer em momentos distintos. Por exemplo:

» Autoavaliação do facilitador, cuja finalidade é sondar como está a integração da equipe de trabalhadores e saber sobre eventual dificuldade didática, poderá ser realizada no treinamento que antecede as atividades do ESDE e em períodos predeterminados. Com o resultado, poder-se-ão programar temas/conteúdos para serem trabalhados nas reuniões pedagógicas e/ou nos encontros de treinamento;

» Avaliação do facilitador pelo participante, cuja finalidade é sondar a condução das atividades e detectar eventuais dificuldades didáticas dos trabalhadores, poderá ser realizada em dois períodos durante o semestre: a primeira avaliação identifica as dificuldades e propõe atividades com os facilitadores para auxiliá-los; e a segunda avaliação sonda se sua prática didática foi facilitada pelas reuniões pedagógicas;

» A avaliação da aprendizagem do conteúdo pode ocorrer após a aplicação de cada roteiro ou módulo do ESDE. Poder-se-ão realizar atividades de revisão dos conteúdos para que se tenha ideia de quais assuntos precisam de mais esclarecimentos.

Podem ser usados, ainda, a qualquer momento, como formas de avaliar, o incentivo à produção textual, oral e artística; e o diálogo com os participantes, solicitando que apontem assuntos/temas/pontos específicos que merecem maiores esclarecimentos e/ou mais aprofundamento.

CAPÍTULO 3

COMO IMPLANTAR O ESTUDO SISTEMATIZADO DA DOUTRINA ESPÍRITA

Abaixo estão relacionadas as etapas necessárias à implantação do ESDE. Caso não seja possível seguir todas as etapas, o ESDE pode ser implantado de acordo com a realidade e possibilidade de cada Centro Espírita. Se o Centro conta com pequeno número de participantes, o ESDE pode ser implantado em associação com outras Casas Espíritas da região que se encontrem na mesma situação.

3.1 Criar setor ou departamento do ESDE

Para estruturar o ESDE, a Casa Espírita precisa criar um setor ou um departamento responsável pelo trabalho, definindo o dirigente e colaboradores. Aspectos da infraestrutura devem ser considerados, definindo-se espaço para as reuniões, quantidade de cadeiras necessária, recursos materiais a serem utilizados etc. (Apêndice F – Exemplo de organograma).

Nos Centros Espíritas pequenos, um voluntário pode iniciar o trabalho.

3.2 Formar as equipes de trabalho

Uma vez criado o setor ou departamento do ESDE, definem-se as equipes que serão responsáveis pelo planejamento do programa de estudo.

A equipe de trabalho deve ser constituída por pessoas com conhecimento doutrinário, experiência e que tenham sido preparados para as tarefas, bem como para divulgar a "Campanha do Estudo Sistematizado da Doutrina Espírita" em conjunto com os órgãos unificadores, auxiliando na organização e manutenção de grupos de estudo. (Apêndice G – Perfil e atribuições dos colaboradores).

Devem ser preparadas, por meio de treinamentos, as equipes que integrarão o quadro de trabalhadores do ESDE (coordenação, secretaria, monitores/facilitadores e equipe pedagógica). (Apêndice G – Perfil e atribuições dos colaboradores).

Nos Centros Espíritas em que o trabalho conte com poucos colaboradores, estes poderão buscar a capacitação junto à federativa do seu estado e por meio do compartilhamento de experiências com outros Centros Espíritas.

3.3 Como selecionar um programa de ESDE?

O Centro Espírita poderá escolher ou criar um programa, levando em consideração que o conteúdo programático esteja alicerçado nas obras básicas da codificação e seja sistematizado, partindo do simples para o complexo.

3.4 Montar um espaço para consulta bibliográfica e apoio

Podem ser propostas campanhas para a doação de obras espíritas e a formação de um espaço de consulta a ser disponibilizado para apoio bibliográfico às atividades dos monitores/facilitadores bem como o estudo e pesquisa dos participantes, contendo no mínimo as obras básicas. O espaço pode ser constituído com recursos, incluindo-se mídias, *audiobooks*, audionovelas, cursos em ambiente virtual, desde que compatíveis com a proposta espírita. (Anexo A – Como organizar uma sala de consulta e apoio).

3.5 Espaço físico para as turmas

Dependerá da disponibilidade da Casa Espírita. O ideal é que sejam salas arejadas e iluminadas, com cadeiras móveis e com braço que facilitem o estudo em grupo, quadro e uma mesa para material de apoio. No entanto, a reunião do ESDE pode ser feita no jardim, embaixo de uma árvore...

3.6 Plano anual de trabalho

A programação das atividades deverá ser montada e divulgada previamente, podendo ser semestral ou anual. O programa deve conter sugestão de datas, temas dos módulos e das reuniões de estudos, além dos dados do coordenador e facilitadores da tarefa.

Os dias e horários serão definidos pela coordenação do ESDE de acordo com a disponibilidade da Casa Espírita, do coordenador e monitores/facilitadores e dos interessados, proporcionando o máximo de aproveitamento da turma no estudo. (Apêndice H – Exemplo de um plano de trabalho).

3.7 Divulgação e inscrição

Pode-se fazer a divulgação do ESDE nas palestras públicas e demais reuniões da Instituição Espírita, bem como confeccionar cartazes, murais, *folders*, material para o *site* do Centro, esclarecendo a importância do estudo e informando sobre a realização e o andamento das reuniões. A divulgação pode ser estendida para a comunidade em que o Centro Espírita está inserido, via rádio, TV, jornais, revistas, boletins informativos, feiras de livro, faixas, *banners*, panfletos. Tudo isso levando-se em consideração as condições e disponibilidades de cada Centro Espírita.

A ficha de inscrição pode conter dados do interessado, tais como: nome, data de nascimento, endereço, telefone, *e-mail*, atividade profissional, interesse em área de atuação no Centro Espírita etc.

3.8 Como montar os grupos de estudo?

Formada e preparada a equipe de trabalho, feita a divulgação do ESDE, podem ser formados os grupos de estudo. Sugere-se que estes contem com 15 a 25 participantes, o que favorece o processo de aprendizagem. Nada impede que grupos menores ou maiores sejam constituídos, com adaptações das técnicas e recursos a serem utilizados. Número excessivo deve ser evitado, pois é uma das causas da evasão de participantes que não recebem atenção individualizada dos facilitadores/monitores.

O tempo de duração dos estudos pode variar de 90 a 120 minutos, levando-se em conta o conteúdo e as características do grupo.

A reunião é formada por participantes inscritos previamente, possibilitada a presença de eventuais visitantes (familiares ou convidados).

3.9 Como manter o participante no grupo de estudo?

Os grupos do ESDE, normalmente, são heterogêneos e apresentam diferentes interesses. A integração e permanência do participante depende muito do acolhimento que ele recebe desde a sua inscrição e do esclarecimento acerca do curso, envolvendo metodologia, atividades, expectativa de participação etc.

Há evasão decorrente de fatores internos e externos ao grupo de estudo, tais como: falta de organização do trabalho, tipo de liderança exercida pelo coordenador ou pelo monitor/facilitador, inadequação do método ao público-alvo, falta de incentivo aos participantes, escolarização dos processos do estudo sistematizado, horário do estudo incompatível com as atividades do participante, local do estudo inadequado, necessidades pessoais dos participantes (trabalho, estudo, mudanças, moradia longe do Centro, outros interesses concorrentes, saúde, necessidades familiares).

Cabe avaliar essas causas, procurando desenvolver estratégias para minimizá-las.

A seguir, algumas estratégias:

a) Trabalhar as diferenças existentes entre os integrantes, valorizando-as como ferramentas que propiciam oportunidade de aprendizado;

b) Estimular a união do grupo, ou seja, transformá-lo em um grupo coeso e harmonioso, o que permitirá que os participantes se sintam acolhidos e aceitos no ambiente coletivo, no qual tenham a oportunidade de expressar suas ideias;

c) Acolher os participantes não assíduos que se sintam deslocados no grupo;

d) Trabalhar a inclusão de integrantes novos, de modo a não afetar a continuidade e harmonia do grupo;

e) Incentivar os participantes para que os objetivos doutrinários sejam efetivados;

f) Buscar desenvolver o sentimento de "pertencimento ao grupo" por meio do acolhimento fraterno e da inclusão de pessoas nas demais atividades do Centro Espírita.

Não existem soluções prontas para resolver o problema da evasão nos grupos de ESDE. Por essa razão, é importante ouvir companheiros mais experientes na tarefa nos Centros Espíritas, nas federativas estaduais e na FEB.

A avaliação que deve permear todo o processo de desenvolvimento do programa traz informações sobre possíveis equívocos da equipe de trabalhadores do ESDE e/ou dificuldades dos próprios participantes. É muito importante observar e analisar essas informações para possíveis e necessárias correções e/ou modificações com a finalidade de ajustes que permitam que os participantes sintam-se integrados e felizes em permanecer no ESDE.

CAPÍTULO 4

A INTEGRAÇÃO DOS PARTICIPANTES DO ESDE NAS DEMAIS ATIVIDADES DA CASA ESPÍRITA

> *O bem reinará na Terra quando, entre os Espíritos que a vêm habitar, os bons predominarem, porque, então, farão que aí reinem o amor e a justiça, fonte do bem e da felicidade* (KARDEC, 2013b, q. 1019).

> *A fraternidade será a pedra angular da nova ordem social* [...](KARDEC, 2013a, cap. XVIII, it.17).

É importante que o ESDE proporcione a integração dos participantes em outras atividades do Centro Espírita, oportunizando o exercício da caridade e da convivência fraterna. Aos coordenadores ou dirigentes de cada setor de atividades cabe a responsabilidade de acolhê-los, fortalecendo os sentimentos de amor que devem presidir as relações no Centro Espírita. Por exemplo, os participantes do ESDE podem colaborar na área de assistência e promoção social, no atendimento fraterno, recepção, passe, palestra pública, atividade mediúnica, evangelização da criança e do jovem (quando preparados para isso), entre outras oferecidas pela Casa.

CONCLUSÃO

Afinal, por que o ESDE?

> Pela certeza que o Espiritismo dá do futuro, muda a maneira de ver e influi sobre a moralidade (KARDEC, 2009a, p. 63).

Segundo Angel (2008)

> [...] o estudo sistematizado da Doutrina Espírita constitui o mais eficiente método pedagógico para a educação de todos aqueles que se candidatam a autoiluminação. Isso porque, através da instrução e do esclarecimento dos aprendizes, favorece a educação moral em toda a sua profundidade, especialmente pelos exemplos oferecidos pelos seus divulgadores.

O ESDE proporciona ao indivíduo a oportunidade de desenvolver o senso moral e vivenciar o verdadeiro sentido da caridade e, consequentemente, colaborar com o progresso da humanidade.

Por que promover a reforma moral?

> Reconhece-se o verdadeiro espírita pela sua transformação moral e pelos esforços que emprega para domar suas inclinações más (KARDEC, 2013c, p. 235).

Quando atinge esse estágio de compreensão, o indivíduo torna-se mais tolerante em relação às falhas dos outros, aprende perdoar ofensas, revela-se mais solidário e fraterno, vigia a si mesmo, atento ao preceito evangélico: "Por que olhas o cisco no olho de teu irmão e não percebes a trave que há no teu?" (Lucas, 6:41).

> O Espiritismo não cria a renovação social; a madureza da humanidade é que fará dessa renovação uma necessidade. Pelo seu poder moralizador, por suas tendências progressistas, pela amplitude de suas vistas, pela generalidade das questões que abrange, o Espiritismo é mais apto do que qualquer outra doutrina a secundar o movimento de regeneração; por isso, é ele contemporâneo desse movimento. Surgiu na hora em que podia ser de utilidade, visto que também para ele os

tempos são chegados. [...] Hoje, nascido com as ideias que fermentam, encontra preparado o terreno para recebê-lo. Os Espíritos cansados da dúvida e da incerteza, horrorizados com o abismo que se lhes abre à frente, o acolhem como âncora de salvação e consolação suprema (KARDEC, 2013a, p. 368).

Bem compreendido, mas, sobretudo, bem sentido, o Espiritismo leva à reforma moral, aquela que produz o homem de bem, caracterizado como o verdadeiro espírita e verdadeiro cristão que segue o modelo e guia da humanidade: Jesus.

APÊNDICE A

COMO SURGIU O ESDE – BREVE HISTÓRICO

Em vários pontos do país, foram surgindo campanhas de incentivo ao estudo das obras básicas.

Em 1975, a União das Sociedades Espíritas do Estado de São Paulo (USE) lançou a campanha "Comece pelo Começo".

Em 28 de abril de 1976, o Espírito Angel Aguarod, por meio de mensagem ditada em reunião de apoio e orientação espiritual da Federação Espírita do Rio Grande do Sul, publicada na revista *A Reencarnação*, de agosto do mesmo ano, sob o título "Integridade Doutrinária", convocava os responsáveis pelo Movimento Espírita para

> [...] uma ampla tarefa de divulgação das obras básicas da Doutrina, promovendo um estudo sistemático delas, com chamada de atenção para os aspectos que estão colocados à margem, com graves prejuízos para a assimilação correta dos princípios e bases do Espiritismo e de sua missão.

Recomendava, ainda, "o estudo de um plano amplo no sentido de esclarecer os mais responsáveis pela dinamização do Movimento Espírita, da importância do estudo, da interpretação e da vivência do Espiritismo".

Em outras mensagens, Angel Aguarod reiterava a sugestão de se levar a efeito uma grande campanha em torno da importância do estudo das obras básicas da Doutrina Espírita:

> Cabe, pois, aos espíritas, responsáveis pelo Movimento Espírita, uma ampla tarefa de divulgação das obras básicas da Doutrina, promovendo um estudo sistemático, com chamada de atenção para os aspectos que

estão colocados à margem, com graves prejuízos para a assimilação correta dos princípios e bases do Espiritismo e de sua missão.

Recomendaríamos, portanto, o estudo de um plano amplo no sentido de esclarecer os mais responsáveis pela dinamização do Movimento Espírita da importância do estudo, da interpretação e da vivência do Espiritismo. (Angel Aguarod, mensagem recebida pela médium Cecília Rocha em 1976.)

Em 1978, a Federação Espírita do Estado do Rio Grande do Sul, então, elaborou um Plano que se convencionou chamar de "Campanha de Estudo Sistematizado da Doutrina Espírita nas Sociedades Federadas".

Não é possível erigir um monumento doutrinário, como é o da Revelação Espírita, deixando-nos levar, a cada dia, por ideias que sopram de todos os lados, sem direção, qual vendaval que tudo derruba na sua passagem. Estamos sendo alertados do plano Mais Alto sobre esse aspecto do nosso movimento, pois, dizem nossos superiores, se não nos fizermos vigilantes nesse sentido, em pouco tempo o Movimento Espírita, embora conservando o nome, nada terá de Espiritismo. Reiterando despretensiosa sugestão, recomendaríamos uma GRANDE CAMPANHA, para usar nomenclatura moderna, em torno da importância do estudo das obras básicas da Doutrina Espírita.

Em 1983, a FEB, analisando a importância da iniciativa, a objetividade da sugestão provinda do mundo maior e, sobretudo, visando reforçar a necessidade do entendimento correto dos princípios doutrinários do Espiritismo, mediante estudo metódico-disciplinado, lançou, por ocasião de seu centenário, em 27 de novembro de 1983, em reunião do Conselho Federativo Nacional, em Brasília, a "Campanha do Estudo Sistematizado", em nível nacional.

Nesse dia, por meio de Divaldo Pereira Franco, que compunha a mesa diretora dos trabalhos, Bezerra de Menezes enfatizou o alcance e a magnitude do lançamento da "Campanha do Estudo Sistematizado da Doutrina Espírita", que se processava na hora exata e na oportunidade certa, com reais benefícios para todos. Destacamos um trecho da mensagem:

Hoje, um século e um quarto depois de publicado *O livro dos espíritos*, é imprescindível mergulhar o pensamento na água lustral da Revelação, para melhor penetrar o espírito do Espiritismo e encontrar as respostas aos magnos problemas da vida. Um programa de estudo sistematizado da Doutrina Espírita, sem nenhum demérito para todas as nobres tentativas que têm sido feitas ao largo dos anos, num esforço hercúleo para interessar os neófitos no conhecimento consciente da Nova Revelação, é o programa da atualidade sob a inspiração do Cristo. Nem uma tarefa programada para um grupo de acadêmicos, nem um programa trabalhado pela ingenuidade, senão as linhas mestras direcionadas num compromisso que, à semelhança de um leque, abrirá perspectivas para todos os recursos da inteligência e do sentimento.

Em 1985, a USEERJ adotou a ideia da campanha lançada pela FEB e desenvolveu um trabalho com o objetivo de levar para todo o estado do Rio de Janeiro a proposta do ESDE.

De 23 a 25 de julho de 1993, realizou-se o I Encontro Nacional de Coordenadores de ESDE, na cidade de Goiânia. Por essa ocasião, foi realizado um curso de atualização para os responsáveis pela implantação e desenvolvimento dos grupos de ESDE das federativas estaduais.

Em 1995, a Comissão Regional Sul, do CFN-FEB, promoveu em Curitiba, de 3 a 5 de novembro, um curso para formação de monitores do ESDE com a participação de 64 coordenadores da FEB, das federativas estaduais e outros órgãos de unificação dos estados do Paraná, Rio de Janeiro, Rio Grande do Sul, Santa Catarina e São Paulo.

Foi realizado o II Encontro Nacional de Coordenadores de ESDE em Brasília, de 25 a 27 de julho de 2003, com a temática "Transformai-vos pela renovação do vosso entendimento." (ROMANOS, 12:2).

De 25 a 27 de julho de 2008, foi realizado o III Encontro Nacional de Coordenadores de ESDE, com o tema "Como poderei entender se alguém não me ensinar?" (ATOS, 8:31).

Foi realizado, no período de 19 a 21 de julho de 2015, na FEB, o IV Encontro Nacional de ESDE com o tema: "[...] E o semeador saiu a semear [...]. "Colha essa oportunidade: estude o Espiritismo".

APÊNDICE B

O QUE PLANEJAR PARA O ESTUDO

Planejamento

O planejamento não diz respeito a decisões futuras, mas às implicações futuras das decisões presentes (PETER DRUCKER).

O que planejar para o estudo?

Os roteiros são as unidades básicas que buscam auxiliar o monitor na organização da reunião de estudos. Seguem um padrão e uma metodologia, buscando sempre conduzi-lo, sugerindo ações e elementos de apoio. Para cada roteiro, são apresentados os objetivos específicos, conteúdos básicos, sugestões didáticas, subsídios, referências bibliográficas e avaliação.

Mesmo com a adoção de um programa do ESDE, o monitor deverá preparar a reunião de estudo, levando em conta as características específicas do seu grupo, o espaço físico, os recursos materiais disponíveis, as características regionais, bem como o perfil e o nível de conhecimento dos participantes da reunião.

O planejamento do roteiro que se desenvolverá durante a reunião é necessário porque evita a rotina e a improvisação, contribui para alcançar os objetivos propostos, promove a eficiência do processo de construção do conhecimento, garante a segurança na orientação do grupo e otimiza o tempo.

Consideramos como importantes as seguintes características de um bom planejamento:

a) Estar intimamente ligado aos objetivos;

b) Ser elaborado para atender as necessidades do participante, respeitando sua realidade e seu perfil;

c) Ser flexível, ajustando-se sem romper com a unidade e continuidade, quando necessário;

d) Ser claro e preciso, com sugestões exatas e concretas sobre o trabalho que será realizado;

e) Ser elaborado de acordo com a realidade local, o tempo e os recursos disponíveis. O tempo para cada atividade deve ser bem programado, evitando-se envolver assuntos do roteiro seguinte.

Componentes básicos do planejamento de ensino:

a) Objetivos específicos: especificação do que se quer alcançar. São do participante e para o participante. Por exemplo: conceituar Deus; citar provas da existência de Deus; participar das atividades do grupo, etc.;

b) Conteúdo: organização do conhecimento devidamente selecionado. São os temas a serem estudados para se atingir os objetivos;

c) Procedimentos: conjunto de método e técnicas. As técnicas são utilizadas para promover a integração e a interação dos participantes nas atividades propostas. O ideal é que sejam diversificadas, estejam adequadas às necessidades dos participantes, sirvam de estímulo à participação e sejam desafiadoras. Por exemplo: para trabalhar com um método ativo, podemos nos utilizar das dinâmicas de grupo. Para escolhermos o método, as técnicas e os recursos, precisamos sempre considerar o público, os objetivos, o conteúdo, o tempo e o espaço físico;

d) Recursos: componentes do ambiente que dão estímulo ao participante. Quando usados de maneira adequada, contribuem para alcançarmos os objetivos, aproximando a aprendizagem de situações reais da vida. São exemplos de recursos materiais: materiais visuais, auditivos, audiovisuais, mídias etc. (projetor, computador, cartaz, música etc.).

Observações:

a) É importante destacar a relevância que se tem dado, inapropriadamente, aos procedimentos e recursos a ponto de estarem acima do próprio conteúdo. *São meios, e não fim.* Não podem ter maior destaque. A finalidade a que se destinam é facilitar a compreensão dos conteúdos doutrinários;

b) Recomenda-se a leitura do capítulo III de *O livro dos médiuns*, onde consta, entre outras ideias fundamentais:

> Não se espantem os adeptos com esta palavra — ensino. Não constitui ensino unicamente o que é dado do púlpito ou da tribuna. Há também o da simples conversação. Ensina todo aquele que procura persuadir a outro, seja pelo processo das explicações, seja pelo das experiências. [...] Todo ensino metódico tem que partir do conhecido para o desconhecido (it. 18 e 19).

Exemplo de planejamento da reunião do ESDE (plano de trabalho)

TEMA: DEUS

OBJETIVOS ESPECÍFICOS: Conceituar Deus. Identificar Deus como Inteligência suprema, Causa Primária/Primeira de todas as coisas.

CONTEÚDO: Subsídios: *O livro dos espíritos*, questões 1 a 9; *A gênese*, capítulo II, itens 1 a 7.

PROCEDIMENTO: desenvolvimento:

a) Introdução breve do assunto com projeção de imagens e textos com exposição dialogada;

b) Trabalho em grupo com base na leitura prévia do subsídio e outros textos indicados pelo facilitador (perguntas diferentes sobre os textos, distribuídas uma para cada grupo, para que comentem entre si e depois apresentem para os outros grupos);

c) Fechamento (integração do conteúdo apresentado; identificação do elo entre o conhecimento novo e o anterior e a aprendizagem do participante) com projeção de imagens e comentário pelo monitor/facilitador;

AVALIAÇÃO: por meio da observação do envolvimento e desempenho dos participantes.

APÊNDICE C

ATIVIDADE CONTEXTUALIZADA

Os roteiros de estudo no ESDE devem ser referenciados no cotidiano dos participantes. Para tanto, é preciso relacioná-los com suas vivências.

Os assuntos do cotidiano, se relacionados com os conteúdos estudados no ESDE, ganharão sentido e significado nos processos de mudança de comportamento e atitudes.

> O adulto aprende para aplicação imediata às atividades que executa, para resolver problemas, e não simplesmente para acumular conhecimento de utilidade eventual e futura. [...] Seu ritmo de aprendizagem requer uma metodologia participativa, uma linguagem direta e experiências concretas. [...] Sua motivação se liga às expectativas de melhoria na carreira profissional, no reconhecimento social e na busca do crescimento pessoal. [...] O adulto aprende estabelecendo conexão entre os conhecimentos adquiridos e suas experiências. (ALBIGENOR & MILITÃO, 2000).

Exemplos de atividade contextualizada

Exemplo 1

Depois de estudar a Lei de Liberdade, a Lei do Progresso, a Lei de Sociedade e a Lei do Trabalho, propor a seguinte atividade:

Esta notícia foi retirada de Repórter Brasil, Agência de Notícias, do dia 18/06/2012. Foi adaptada para resguardar direitos pessoais. A partir deste texto, responda às questões abaixo.

Trabalhadores são resgatados de fazenda de eucalipto em Goiás

Um grupo de 14 pessoas foi libertado de condições análogas à de escravo de uma fazenda dedicada ao cultivo de eucalipto, no município de Anicuns (GO). Ocorrida entre 7 e 19 de maio, a operação da Superintendência Regional de Trabalho e Emprego de Goiás (SRTE/GO) resgatou os trabalhadores após apurar ofensa aos princípios básicos da dignidade humana por condições completamente precárias de trabalho degradante. Parte deles dormia em um espaço apertado e totalmente inadequado dentro de uma garagem, juntamente com um carro. Outros dormiam num barraco de chão batido ou sob cobertura de folhagem de bacuri e lonas, sem acesso a estruturas sanitárias e de preparo de alimentos. "Tudo era improvisado, sujo e sem nenhuma higiene, numa situação de extrema miséria. Os colchões, velhos e sujos, eram colocados no chão ou sobre pedaços de madeira." (Auditor fiscal da SRTE/GO à Repórter Brasil).

1) Como podemos analisar essa reportagem à luz da Doutrina Espírita?

2) Além dos direitos pessoais violados, que consequências social e familiar essas vítimas sofreram?

3) Considerando a Lei de Liberdade, a Lei do Progresso, a Lei de Sociedade e a Lei do Trabalho, que princípios foram violados? (Consultar *O livro dos espíritos*).

Exemplo 2

Algumas mulheres alegam que têm direito sobre o próprio corpo. Que a decisão sobre ter ou não filhos "indesejados" é direito delas.

1) Consulte as questões 357 a 360 de *O livro dos espíritos* e comente a afirmativa acima à luz da Doutrina Espírita.

2) Analise os cartazes, considere as questões acima e consulte *O livros dos espíritos*, questões: 795, comentário; 895; 908 e comentário; 910; 913; 914; 916; 917 e comentário. Elabore em grupo um artigo sobre a nossa responsabilidade perante as Leis divinas acerca desse tema.

EU VOU
com certeza!
Porque não vamos deixar que este absurdo, que é o aborto de seres humanos, seja legalizado no Brasil.
6º MARCHA
NACIONAL DA CIDADANIA
PELA VIDA
CONTRA O ABORTO
TERÇA (04/06)
15 HORAS
CONCENTRAÇÃO:
NO EIXO MONUMENTAL
(PRÓXIMO A TORRE DE TV)

POR LA
DEL
ABORTO LEGAL
SEGURO y GRATUITO

RESPEITEMOS A VIDA
ABORTO, NÃO!

ABORTO
NÃO
deve ser
CRIME
Aperte o
Botão e
Aguarde

APÊNDICE D

ESTUDO EM GRUPO

> Os meios e métodos para provocar a ação nas situações de grupos são chamados técnicas de grupo. Independentemente das forças inerentes ao grupo, a ação só se realiza através da aplicação de alguma técnica. Quando utilizadas de maneira apropriada e dentro de um ambiente social normal, as técnicas têm o poder de ativar motivações e os impulsos individuais, estimulando os elementos das dinâmicas interna e externa e acionando o grupo na direção de seus objetivos. (M. BEAL, BOHLEN, RAUDABAUGH ,1962, p. 109).

As atividades em grupo, no ESDE, não constituem uma única técnica de estudar, no entanto, são oportunidades de crescimento coletivo em que uns aprendem e ensinam ao mesmo tempo em que socializam conhecimentos e experiências individuais.

Mesmo diante de tanto avanço tecnológico, ao dividir a turma em grupos, o monitor/facilitador desenvolve atividades coletivas e medeia a socialização de ideias nas pesquisas realizadas. Desse modo, ocorre o crescimento interpessoal e a aprendizagem. As dinâmicas desenvolvidas nesses encontros fazem com que os participantes se sintam construtores do novo saber.

> A necessidade de aprender com os demais, de partilhar com os outros nossas ideias, sentimentos, de conseguir melhor entrosamento com as pessoas e com o mundo que nos rodeia é o que motiva a formação do chamado grupo de aprendizagem (MINICUCCI, 2002, p. 145.).

O papel do monitor nas atividades de grupo de estudo é o de facilitador.

Podemos destacar as seguintes habilidades, segundo Albigenor & Rose Militão, em *Jogos, dinâmicas & vivências grupais* (2000), importantes no desempenho dessa tarefa:

» Tornar fácil a comunicação, o conhecimento, a integração, favorecendo o relacionamento entre os membros do grupo;

» Mediar as situações geradas no grupo, seja de cunho pessoal ou pertinentes ao trabalho que se está desenvolvendo.

Nos grupos de estudo do ESDE, é importante que o monitor/facilitador conduza o grupo, possibilitando uma ação construtiva de aprendizagem, oferecendo orientação para que os participantes possam participar com autonomia, "integrando ao saber que já têm os novos conhecimentos que desenvolvem a cada dia." (ALBIGENOR; MILITÃO, 2000, p. 1).

Os participantes do ESDE são adultos, por isso, no planejamento das atividades, precisam ser consideradas algumas das características que envolvem a aprendizagem do adulto:

» O adulto, pelo processo de aprendizagem, torna-se cada vez mais apto a se autodirigir, e as vivências acumuladas lhe permitem condições para isso;

» O adulto aprende para aplicação imediata às atividades que executa, para resolver problemas, e não simplesmente para acumular conhecimento de utilidade eventual e futura;

» O respeito que o adulto deseja e reclama se liga às considerações sobre suas características e sua participação no planejamento, na execução e avaliação das atividades das quais participa;

» Seu ritmo de aprendizagem requer uma metodologia participativa, uma linguagem direta e experiências concretas;

» Sua motivação se liga às expectativas de melhoria na carreira profissional, no reconhecimento social e na busca do crescimento pessoal;

» O adulto aprende estabelecendo conexão entre os conhecimentos adquiridos e suas experiências;

» O adulto cobra sempre o retorno de seu desempenho no processo ensino-aprendizagem. E a estratégia ideal é a autoavaliação, para que ele próprio julgue o seu processo.

As atividades desenvolvidas no ESDE tornam-se atrativas quando são desafiadoras e participativas e quando respeitamos as características psíquicas que motivam a aprendizagem desse perfil de participante.

> Um grupo de trabalho torna-se eficiente quando: seus membros estiverem integrados; tiverem sido estabelecidas as relações interpessoais; houver interdependência entre seus participantes; o líder se tornar um elemento catalisador das preferências do grupo, de um lado, e coordenador das atividades na execução das tarefas, de outro, e os membros sentirem que estão pensando em grupo. (MINICUCCI, 2002, p. 184).

A postura do monitor/facilitador contribuirá para que as atividades de estudo e integração propostas no ESDE estejam de acordo com a prática da moral evangélica quando o monitor/facilitador:

» Souber ouvir o participante, esclarecendo-o com respeito e amabilidade;

» Estiver sensível aos movimentos do grupo, sabendo conduzir os debates de modo que todos participem com respeito e entusiasmo;

» Estabelecer comunicação clara, objetiva e fraterna;

» Mantiver coerência entre o que fala e o que faz, lembrando que o exemplo arrasta;

» Estiver aberto às opiniões contrárias, respeitando-as, mas esclarecendo os conceitos à luz dos ensinos espíritas, sem ferir o participante;

» Proporcionar momentos de compartilhar o comando das atividades com o grupo;

» Reconhecer nos participantes seres imortais que buscam esclarecimentos para sua vida presente e futura, tomando o cuidado de conduzir "as verdades imortais" sem chocá-los, faltando com a caridade — Jesus nos amou e nos ama, apesar de nossa ignorância;

» Lembrar-se de que não é o dono da verdade e que, tanto quanto os participantes, é também um aprendiz, mesmo porque a Doutrina Espírita, ainda, não foi completamente revelada.

Enfim, para trabalharmos com os grupos de estudo do ESDE, devemos nos manter vigilantes, ter na mente e no coração os ensinos de Jesus e fazer esforços para sermos os verdadeiros espíritas ou verdadeiros cristãos. Não somos perfeitos, mas estamos em processo de aprendizagem. Para que esses ensinamentos sejam apreendidos, devemos vivenciá-los.

> Vivam juntos alguns homens, animados desses sentimentos [amizade e fraternidade], e serão tão felizes quanto o comporta a nossa terra. Ganhem assim, passo a passo, esses sentimentos todo um povo, toda uma raça, toda a humanidade e o nosso globo tomará lugar entre os mundos ditosos (KARDEC, 2009b, p. 494).

APÊNDICE E

EXEMPLOS DE AVALIAÇÕES NO ESDE

Os exemplos a seguir são referenciais. Se aplicadas todas as perguntas, a avaliação poderá ficar extensa. Cabe à equipe pedagógica, ou pessoa responsável pela atividade, selecionar, alterar ou criar outras de acordo com o que se pretende avaliar. Importante definir que objetivo(s) se pretende alcançar com o instrumento de avaliação.

1) Autoavaliação do facilitador (ao final de cada bimestre, trimestre, semestre ou quando se julgar conveniente)

Este exemplo objetiva uma autoanálise para tomada de consciência quanto às habilidades utilizadas no desempenho da tarefa e quanto ao que necessita de aperfeiçoamento. Em sendo necessário, a partir da autoavaliação, o monitor/facilitador poderá buscar apoio pedagógico ou administrativo, por exemplo.

Nome: _____

Facilitador, pedimos a gentileza de responder às perguntas a seguir com vistas ao aperfeiçoamento de nossa tarefa.

Planejamento e conteúdo doutrinário

a) Sente alguma dificuldade em alcançar os objetivos específicos do roteiro?

b) Além da bibliografia citada, você se utiliza de textos complementares em apoio às reuniões? Justifique.

c) Na reunião, como você estabelece a relação do roteiro anterior com o tema atual?

Atividades em grupo e relações interpessoais

a) Além das atividades de grupo, como você oportuniza momentos de debates?

b) De que maneira você consegue estabelecer relação espontânea e positiva com a turma?

c) Como você percebe essa relação?

d) Como você favorece o trabalho cooperativo na turma? Comente.

Integração ao ESDE

a) Quais são seus ganhos pessoais em participar das reuniões doutrinárias e pedagógicas?

b) Como está sua participação nas atividades propostas pela coordenação pedagógica? Por exemplo: estudo do livro.

2) Avaliação do facilitador pelo participante (ao final de cada bimestre, trimestre, semestre ou quando se julgar necessário)

Este exemplo objetiva evidenciar à equipe pedagógica e ao monitor/facilitador a percepção dos participantes quanto ao seu desempenho nos diversos aspectos do trabalho para facilitar o planejamento de ações que auxiliem no desenvolvimento das habilidades que envolvem a tarefa.

Turma: _____

Facilitador: _____

Caro participante do ESDE, pedimos a gentileza de responder às perguntas a fim de nos aperfeiçoarmos no desempenho dessa tarefa.

a) O facilitador sente alguma dificuldade em alcançar os objetivos específicos do roteiro?

b) Além da bibliografia citada, o facilitador se utiliza de textos complementares em apoio às reuniões? Exemplifique.

c) Na reunião, como o facilitador estabelece a relação do roteiro anterior com o tema atual?

d) Além das atividades de grupo, como o facilitador oportuniza momentos de debates?

e) De que maneira o facilitador consegue estabelecer relação espontânea e positiva com a turma? Como você percebe essa relação?

f) Como o facilitador favorece o trabalho cooperativo na turma?

g) Como está a participação do facilitador nas atividades extrarroteiros propostas pela coordenação? Por exemplo: estudo do livro.

3) Autoavaliação do participante (ao final do bimestre, trimestre ou semestre ou quando julgado necessário)

Este exemplo objetiva proporcionar ao participante uma reflexão quanto ao seu envolvimento no processo de estudo e aprendizagem e em que tem necessidade de melhorar sua integração.

Objetiva também que a equipe do ESDE identifique as necessidades do participante para sua melhor integração e autonomia.

Turma: _____

Nome (opcional): _____

Caro participante do ESDE, é o momento de refletir sobre a sua efetiva participação e contribuição para o ESDE.

a) Gosta de participar do ESDE? Por quê?

b) Tem alguma dificuldade em acompanhar a reunião? Qual?

c) Consegue estabelecer relação espontânea e positiva com a turma? Justifique.

d) Você se relaciona com participantes de outras turmas quando há eventos conjuntos? Justifique.

e) Saber qual é o objetivo da reunião e as atividades que se desenvolverão facilita sua interação? Justifique.

f) O tempo para a apresentação dos grupos é suficiente para o seu entendimento do assunto? Justifique.

g) Você utiliza o tempo proposto para expor seu comentário de modo a permitir a participação de outros, sem monopolizar a discussão?

h) Você tem o hábito da leitura da bibliografia citada nos roteiros e de textos complementares em apoio às reuniões? Justifique.

i) Durante a reunião, você formula perguntas que são pertinentes ao tema estudado e aguarda momento oportuno para o esclarecimento de dúvidas particulares? Justifique.

j) Você realiza as atividades extraclasse propostas? Justifique.

k) Você contribui para que o grupo seja acolhedor e agradável? Justifique.

l) Como contribuir para que a integração entre os componentes do ESDE seja sempre fraterna?

m) O conhecimento da Doutrina Espírita pode auxiliar o indivíduo na sua vida cotidiana?

n) Considerando a citação de Emmanuel abaixo, qual é a sua responsabilidade na construção de um mundo melhor?

> O [...] Espiritismo será, indiscutivelmente, a força do Cristianismo em ação para reerguer a alma humana e sublimar a vida. [...] A missão da Doutrina é consolar e instruir, em Jesus, para que todos mobilizem as suas possibilidades divinas no caminho da vida.[...] a verdadeira construção da felicidade geral só será efetiva com bases legítimas no espírito das criaturas. [...] Sem a Boa-Nova, a nossa Doutrina Consoladora será provavelmente um formoso parque de estudos e indagações, discussões e experimentos, reuniões e assembleias, louvores e assombros, mas a felicidade não é produto de deduções e demonstrações. [...] O Evangelho é código de paz e felicidade que precisamos substancializar dentro da própria vida! Emmanuel (XAVIER, 2013b).

o) Deixe sua contribuição para melhorias.

4) Avaliação da Administração (ao final do bimestre, trimestre, semestre ou quando julgado necessário)

Este exemplo objetiva identificar necessidades de aperfeiçoamento das atividades administrativas desenvolvidas pela equipe do ESDE.

Nome (opcional): _____

Caro facilitador/estagiário/participante, pedimos a gentileza de responder às perguntas a fim de nos aperfeiçoarmos no desempenho dessa atividade.

a) Os membros da equipe do ESDE são cordiais e acolhedores?

b) São satisfatórias as atividades de: inscrição, confecção de crachás e dados cadastrais dos participantes? Justifique.

c) O registro de presença dos participantes é disponibilizado em tempo satisfatório?

d) Os participantes são procurados quando suas ausências são sucessivas, próximas ao limite?

e) A equipe interage fraternalmente com os facilitadores, estagiários e participantes?

f) A equipe participa das reuniões programadas, juntamente com as outras equipes?

g) As salas são preparadas e mantidas em ordem para o desenvolvimento das atividades do ESDE?

h) A equipe atende satisfatoriamente às solicitações que lhe são pedidas?

i) Sugestão para o que precisa melhorar: _____

APÊNDICE F

EXEMPLOS SIMPLIFICADOS DE ORGANOGRAMA CONFORME O TAMANHO DA INSTITUIÇÃO[1]

Exemplo 1

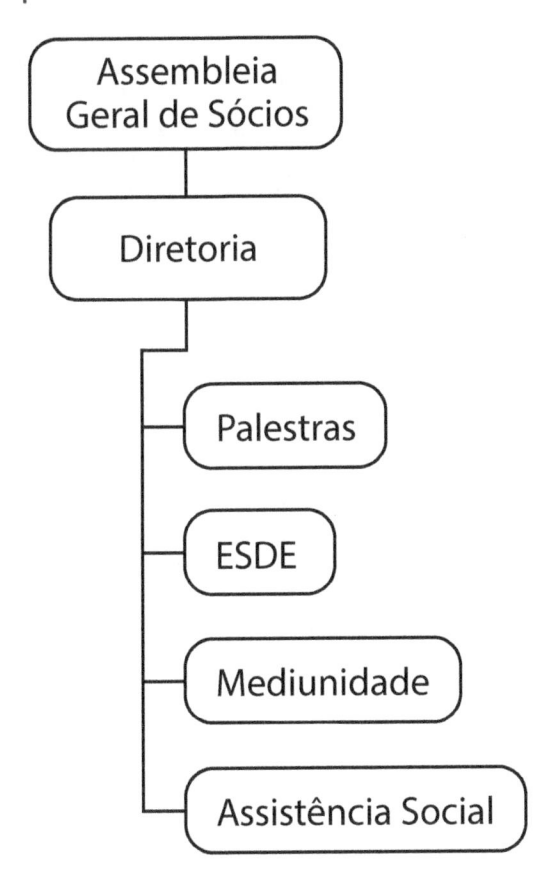

```
Assembleia Geral de Sócios
        |
    Diretoria
        |
        ├── Palestras
        ├── ESDE
        ├── Mediunidade
        └── Assistência Social
```

---

[1] Somente para indicar onde o ESDE pode ser situado.

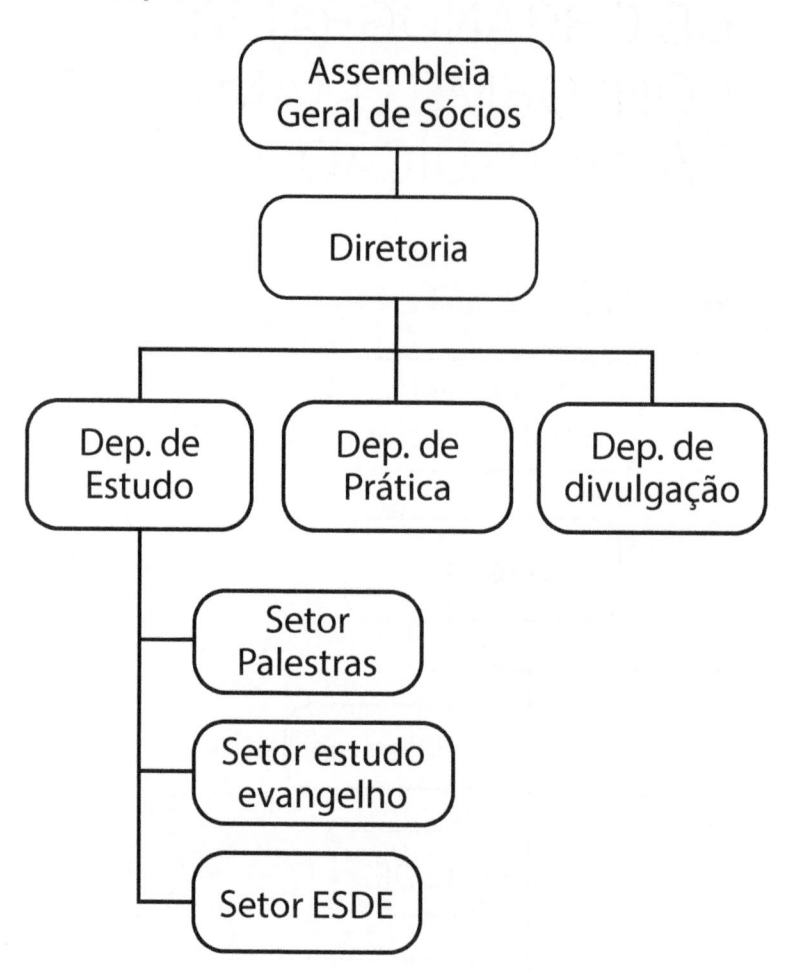

Exemplo 2

- Assembleia Geral de Sócios
  - Diretoria
    - Dep. de Estudo
      - Setor Palestras
      - Setor estudo evangelho
      - Setor ESDE
    - Dep. de Prática
    - Dep. de divulgação

Exemplo 3

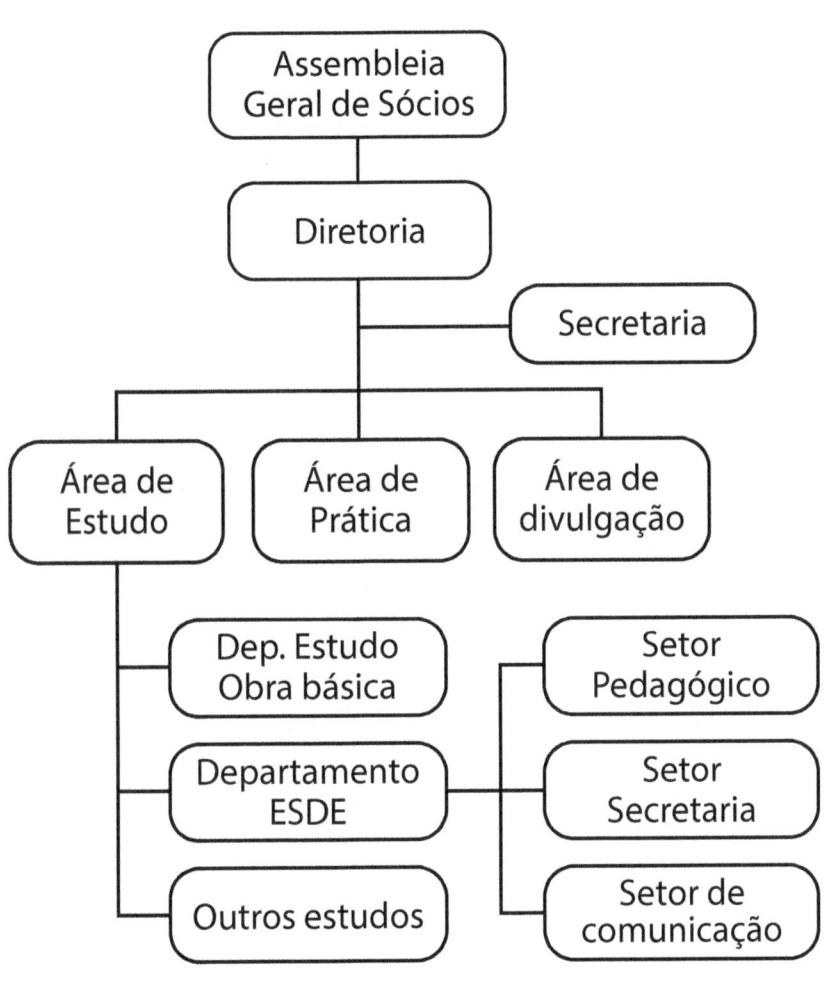

```
            ┌─────────────────┐
            │   Assembleia    │
            │ Geral de Sócios │
            └────────┬────────┘
                     │
            ┌────────┴────────┐
            │    Diretoria    │
            └────────┬────────┘
                     ├──────────────┐
                     │      ┌───────┴───────┐
                     │      │   Secretaria  │
                     │      └───────────────┘
   ┌─────────────────┼─────────────────┐
┌──┴───┐      ┌──────┴──────┐    ┌─────┴─────┐
│Área de│     │   Área de   │    │  Área de  │
│Estudo │     │   Prática   │    │ divulgação│
└──┬────┘     └─────────────┘    └───────────┘
   │
   ├──── Dep. Estudo Obra básica ──── Setor Pedagógico
   │
   ├──── Departamento ESDE ──── Setor Secretaria
   │
   └──── Outros estudos ──── Setor de comunicação
```

Exemplo referencial de organograma do ESDE para uma instituição de médio porte[2]

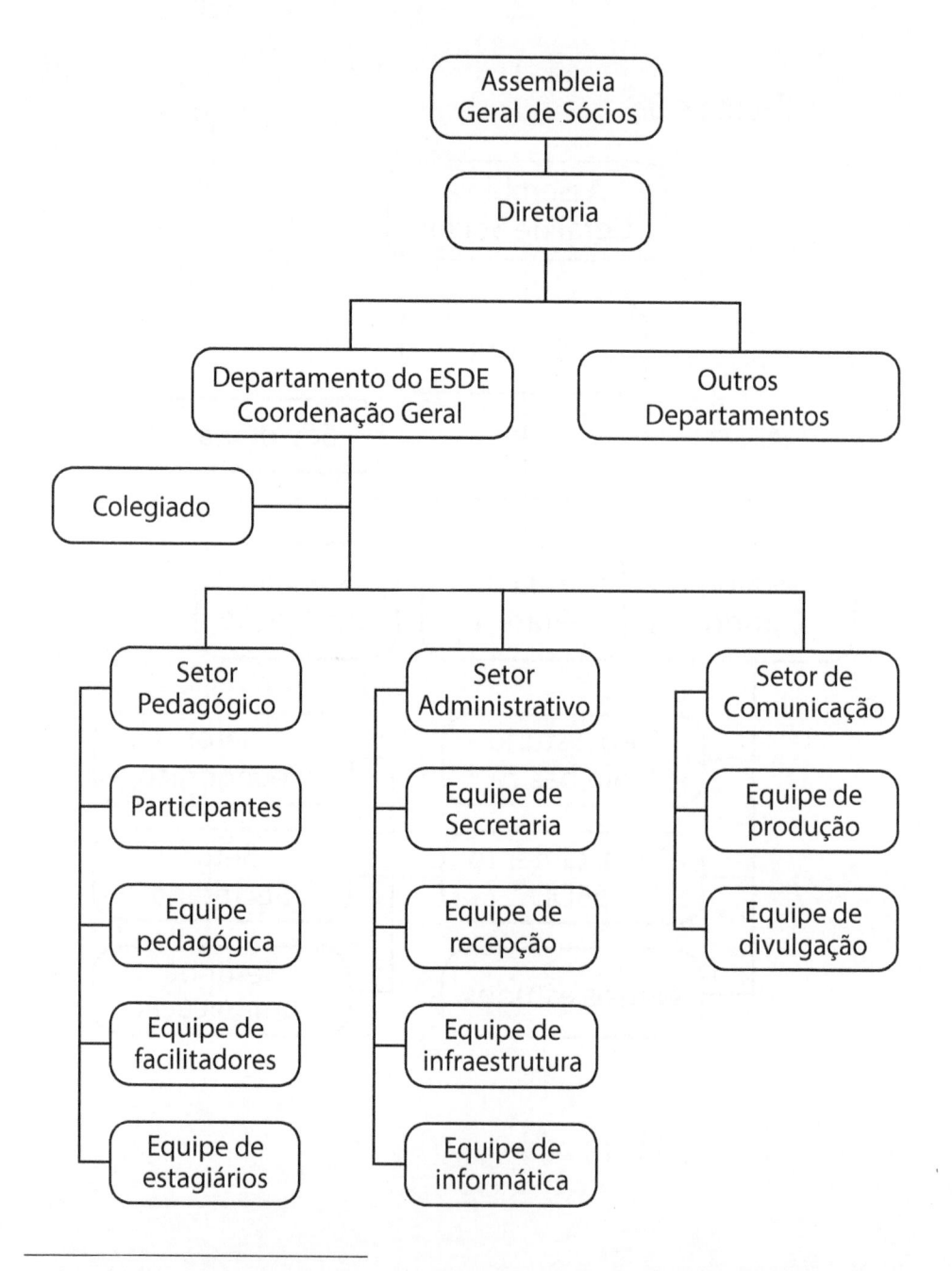

```
                    Assembleia
                  Geral de Sócios
                        |
                     Diretoria
                        |
        ┌───────────────┴───────────────┐
Departamento do ESDE              Outros
  Coordenação Geral            Departamentos
        |
   Colegiado ──┤
        |
   ┌────┴──────────────┬──────────────────┐
  Setor              Setor             Setor de
Pedagógico       Administrativo       Comunicação

Participantes    Equipe de           Equipe de
                 Secretaria          produção

Equipe           Equipe de           Equipe de
pedagógica       recepção            divulgação

Equipe de        Equipe de
facilitadores    infraestrutura

Equipe de        Equipe de
estagiários      informática
```

---

2 As instituições se organizam em áreas, serviços, departamentos ou setores, a depender da definição e complexidade de sua administração. Cabe a cada instituição elaborar o organograma conforme sua realidade.

APÊNDICE G

PERFIL E ATRIBUIÇÕES DOS COLABORADORES DO ESDE

Perfil dos colaboradores do ESDE

> Nem sempre possuímos a bolsa farta, suscetível de garantir a longa despesa; entretanto, a bênção da amizade que suporta e ajuda, que ampara e incentiva o bem, é recurso que sobra invariavelmente no cofre vivo e milagroso da boa vontade... (XAVIER, 2010, p. 24).

Como aprendiz do Evangelho de Jesus, cabe ao trabalhador espírita vivenciar a Boa-Nova nas tarefas a que foi convidado a servir, em todos os momentos.

São condições desejáveis ao perfil do trabalhador espírita:

a) Conhecer a Doutrina Espírita;

b) Buscar evangelizar-se sempre;

c) Atualizar-se permanentemente;

d) Ser acolhedor, reflexivo e humilde;

e) Saber escutar;

f) Ser alegre e criativo;

g) Estabelecer comunicação clara, educada e edificante com todos;

h) Cultivar o equilíbrio emocional e mental;

i) Respeitar a opinião alheia;

j) Respeitar as diferenças, quaisquer que sejam;

k) Vivenciar a fraternidade, o perdão e a paciência;

l) Interagir sempre com as outras áreas de estudo;

m) Permanecer vigilante e confiante na tarefa que desempenha.

Exemplos de atribuições de colaboradores

Considerando o organograma exemplificado acima, podemos elencar as seguintes atribuições às tarefas de:

» **Coordenador-Geral** – gerenciar todas as atividades que são desenvolvidas no ESDE, além de prover os meios necessários para que o planejamento pedagógico do curso seja cumprido integralmente.

» **Equipe pedagógica** – elaborar o planejamento pedagógico e acompanhar o desenvolvimento das atividades, bem como participar da formação de monitores/facilitadores.

» **Secretaria** – prover os meios necessários para a execução do curso. Nesse sentido, cabe à secretaria desenvolver as seguintes tarefas específicas:

a) Cadastrar, organizar e manter atualizados os dados dos participantes;

b) Suprir as salas do encontro com materiais didáticos necessários;

c) Gerar e distribuir aos monitores a lista dos participantes;

d) Apoiar os monitores no contato com os participantes ausentes;

e) Gerar relatórios contendo os índices de frequência;

f) Manter a coordenação informada sobre os relatórios de frequência e evasão de participante;

g) Arquivar toda a documentação do ESDE.

» **Monitor/Facilitador** – integrar a turma com a finalidade de proporcionar ambiente acolhedor para o estudo sistematizado da Doutrina Espírita, seguindo as diretrizes pedagógicas e administrativas estabelecidas no plano de ação. Especificamente, cabe ao monitor desenvolver as seguintes ações:

a) Acolher, amparar, consolar, esclarecer e orientar os participantes;

b) Acompanhar a frequência dos participantes;

c) Incentivar, orientar e acompanhar os participantes nos trabalhos de pesquisa, notadamente na leitura prévia dos temas a serem estudados;

d) Acompanhar o interesse dos participantes durante as reuniões, observando os conhecimentos doutrinários por eles demonstrados em sua participação nas tarefas;

e) Coordenar as atividades estabelecidas para a turma sob sua condução, de modo a obter o melhor rendimento na execução da tarefa;

f) Participar efetivamente das reuniões pedagógicas;

g) Participar de cursos, seminários e demais atividades programadas;

h) Levar ao conhecimento da equipe pedagógica eventuais problemas com os participantes quanto aos aspectos doutrinário, pedagógico e disciplinar, entre outros.

APÊNDICE H

EXEMPLO DE UM PLANO DE TRABALHO

O exemplo a seguir é apenas referencial. Cada Instituição Espírita preparará o seu plano de trabalho do período, que pode ser semestral ou anual, conforme a sua realidade.

Identificação da Instituição
PLANO DE AÇÃO do ESDE – (1º ou 2º) semestre de (ano)

1. Justificativa

Escrever conforme a realidade da Instituição Espírita.

2. Objetivos e ações

A seguir, alguns exemplos de objetivos e ações que podem ser planejados para o período.

2.1. Objetivos específicos

a) Acolher e consolar todos os interessados no estudo do Espiritismo que se matricularem para as reuniões do ESDE;

b) Esclarecer e orientar os participantes do ESDE que perseverarem no estudo;

c) Oferecer oportunidade de convivência fraterna em clima favorável ao estudo e entendimento da prática do Espiritismo;

d) Identificar potenciais trabalhadores para o ESDE e para as demais atividades da instituição espírita;

e) Favorecer a preparação e o aperfeiçoamento dos colaboradores do ESDE;

f) Incentivar a atividade de pesquisa bibliográfica nas reuniões e na forma de trabalhos extra reunião;

g) Proporcionar a interação entre turmas, especialmente as que estejam no mesmo nível do curso.

2.2. Ações

As seguintes ações serão consideradas como auxiliares para a consecução dos objetivos propostos:

a) Participação dos monitores, estagiários e colaboradores nas reuniões doutrinárias, administrativas e pedagógicas promovidas pela instituição espírita;

b) Obtenção e análise dos indicadores de frequência e pontualidade dos participantes e evasão nas turmas;

c) Acompanhamento das razões das ausências e desistências dos participantes;

d) Aproximação com os ausentes, oferecendo alternativas, quando for o caso, na busca de evitar a evasão;

e) Informação sobre as atividades da instituição espírita, com oferecimento de oportunidades de integração nas unidades;

f) Realização de avaliação de conteúdo para aferir o grau de assimilação dos assuntos estudados;

g) Realização de avaliações para os participantes e monitores se conscientizarem do seu desempenho quanto ao andamento do curso;

h) Identificação e capacitação de interessados, a partir do último semestre do Fundamental I, para a preparação de futuros estagiários e facilitadores do ESDE;

i) Realização de atividades voltadas à preparação e ao aperfeiçoamento de estagiários e monitores;

j) Realização de seminários, visita ao trabalho de assistência e promoção social, reuniões em dependências da instituição espírita e confraternizações entre turmas, proporcionando interação e integração entre os participantes.

3. Proposta de trabalho

A proposta de trabalho para o ESDE neste período, no tocante ao conteúdo a ser estudado com os frequentadores, tem seu planejamento de atividades baseado no programa de estudo da Doutrina Espírita conforme se encontra estruturado no material do ESDE, editado pela (indicar Instituição que elaborou e editou o material). O conteúdo completo é estudado em (número) semestres, distribuídos em, por exemplo, Fundamental I (x semestres), Fundamental II (x semestres), Complementar (x semestres).

3.1. Formação das turmas

Descrever como são formadas as turmas, indicando: número de participantes, turma e turno (se tiver mais de um); quantas turmas novas foram abertas; dias da semana da(s) reunião(ões) e horário(s); número total de participantes; distribuídos conforme quadro a seguir:

Quadro 1. Previsão do número de turmas e participantes para o (1º ou 2º) semestre de (ano).

Programa	Turma	Sala	Participantes previstos	Observações	Horário
Fundamental I	1			Podem ser indicados o semestre e o ano de início da turma	
Fundamental I	2				
Fundamental II	1				
Fundamental II	2				
Complementar					
Módulo Complementar (colocar o título do módulo)					
Grupo de Acolhimento					

O funcionamento será aos (dia da semana), entre xx e xx horas e xx e xx horas, respectivamente. O quadro apresenta, ainda, a inclusão de um grupo de acolhimento, que funcionará entre (por exemplo, abril e junho), para receber as pessoas que chegam à Casa e já não contam com tempo hábil para aproveitar o semestre. Elas poderão preencher ficha (Anexo x) com opção de matrícula automática em turmas iniciantes do (1º ou 2º) semestre/ano. Esse grupo conta com programação previamente definida, mas susceptível de adaptação conforme a realidade dos participantes de cada encontro.

3.2. Planejamento das atividades das turmas

As atividades a serem desenvolvidas pelas turmas constam dos apêndices, conforme especificado:

a) Fundamental I – Turmas (por exemplo: N1, N4, N5) – Anexo x;

b) Fundamental I – Turmas (por exemplo: T1 e T3) – Anexo x;

c) Fundamental II – Turmas (por exemplo: N2 e N3) – Anexo x;

d) Fundamental II – Turmas (por exemplo: T2 e T4) – Anexo x;

e) Módulo Complementar (nome) – Turma: (por exemplo N6) – Anexo x;

f) Módulo Complementar (nome) – Turma: (por exemplo T5) – Anexo x;

g) Grupo de Acolhimento – Turma A1 – Anexo x.

A programação para essas turmas inclui, ao longo do semestre, uma variedade de atividades extras, resumidas a seguir:

a) Integração das turmas iniciais;

b) Reunião inaugural diferenciada;

c) Reuniões ministradas nas dependências da instituição espírita para conhecimento e divulgação das atividades da casa: Departamento de Assistência e Promoção Social, Biblioteca e outras que a instituição promova. Essas atividades serão desenvolvidas com as turmas novas do Programa Fundamental I;

d) Confraternizações entre os participantes;

e) Campanha para arrecadação de alimentos, de produtos de higiene pessoal, de limpeza e de objetos para creches e para o DAS;

f) Visitas ao trabalho de assistência e promoção social;

g) Seminários entre turmas.

3.3. Distribuição de facilitadores e estagiários

O Quadro 2 apresenta a composição, por turma, dos facilitadores e estagiários para o semestre:

Quadro 2. Distribuição de monitores e estagiários – (x) Semestre de (ano). Obs.: Esse quadro pode ser incluído como um anexo do plano de trabalho.

Programa	Turma	Facilitadores	Estagiários
Fundamental I	Exemplo N1		
Fundamental I	Exemplo T1		

3.4. Capacitação de monitores/facilitadores e estagiários

A qualidade do ESDE depende do entrosamento e da capacitação de seus monitores e dos demais trabalhadores da casa. Para facilitar esse processo, são previstas várias atividades de atualização do conhecimento pedagógico, doutrinário e administrativo na Área de Estudo do centro espírita. Essas atividades estão definidas no Anexo x e abrangem:

a) Encontro de trabalhadores e curso de atualização para facilitadores e evangelizadores, a realizar-se nos dias (dd) e (dd) de (mm) de (ano);

b) Realização de reuniões doutrinárias:

   i) em conjunto com os demais componentes da Área de Estudo;

   ii) específicas para tratar de temas de interesse dos facilitadores do ESDE;

c) Planejamento de estudos e atividades pedagógicas realizados, principalmente, nas reuniões setoriais, contemplando diversos assuntos, tais como: técnicas e recursos didáticos necessários para o enriquecimento e dinamização dos encontros; planejamento do estudo; orientação para os debates programados e comunicação em sala; análise e interpretação de textos; manejo de turma; utilização, aproveitamento e manutenção de recursos tecnológicos; apresentação de reuniões para orientação da prática pedagógica; análise de resultados de avaliação de conteúdo e de frequência de participantes; análise de resultados das avaliações realizadas por monitores, estagiários e participantes.

4. Estrutura organizacional e competências

A qualidade do processo de estudo depende de como os participantes se encontram organizados e o quão cientes estão de suas atribuições. Para o sucesso do plano de ação, as ações a serem executadas devem ser do conhecimento de todos os envolvidos e bem coordenadas para que sejam realizadas sem sobressaltos e improvisos e em conformidade com o esperado.

4.1. Estrutura organizacional para o funcionamento do ESDE

A estrutura depende do tamanho da Instituição e da quantidade de grupos do ESDE. A seguir, apenas um exemplo:

Em termos operacionais, os participantes do ESDE estão organizados de acordo com a seguinte estrutura:

» Equipe diretiva:

   a) Coordenador-geral;

   b) Vice-coordenador;

   c) Coordenador pedagógico;

   d) Coordenador da secretaria.

» Equipe pedagógica;

» Equipe de secretaria;

» Monitores/facilitadores;

» Estagiários;

» Participantes; e

» Colegiado.

4.2. Competências das equipes (somente a título de exemplo, pois deve ser adaptado a cada realidade)

» **Equipe diretiva** – formada pela coordenação-geral, vice-coordenação, coordenação pedagógica e coordenação da secretaria. Propõe-se que funcione de forma colegiada. Tem por atribuição assessorar a coordenação-geral na condução dos trabalhos do ESDE, em seus aspectos doutrinários, pedagógicos e administrativos. É responsável pelo estabelecimento de procedimentos específicos para execução do plano de ação. Dentre as várias atribuições, destacam-se as seguintes:

a) Elaborar o plano administrativo e pedagógico;

b) Orientar, supervisionar e acompanhar a execução das atividades descritas no plano de ação;

c) Reunir-se periodicamente, na medida do necessário, para discutir as ações de sua competência que deverão ser executadas no âmbito do plano de ação;

d) Elaborar o plano de atividades;

e) Acompanhar os índices de assiduidade dos participantes para a adoção de medidas que evitem evasão;

f) Organizar a distribuição de monitores e estagiários para formação das turmas;

g) Planejar as atividades extrarreuniões;

h) Decidir sobre novas ações com base nos resultados das avaliações;

i) Organizar e promover a comunicação.

» **Coordenador-Geral** – sua atribuição é gerenciar as atividades do ESDE no centro espírita, além de prover os meios necessários para que o plano de ação seja cumprido integralmente.

» **Vice-Coordenador** – sua atribuição é auxiliar no gerenciamento das atividades, substituir o coordenador, quando necessário, e prover os meios necessários para que o plano de ação seja cumprido integralmente.

» **Coordenador pedagógico** – sua atribuição é, no aspecto pedagógico, elaborar propostas, acompanhar o desenvolvimento das atividades e assessorar na formação de estagiários e monitores/facilitadores.

» **Secretaria** – constituída de um coordenador de atividades e de auxiliares, tem como função prover os meios necessários para a execução do plano de ação. Nesse sentido, cabe à secretaria desenvolver as seguintes tarefas específicas:

a) Planejar, compor equipe e elaborar procedimentos para as inscrições de interessados;

b) Cadastrar, organizar e manter atualizados os dados dos participantes;

c) Confeccionar e manter atualizados os crachás;

d) Preparar e manter as salas de reunião em ordem;

e) Suprir as salas de reunião com materiais didáticos necessários;

f) Apoiar e participar de reuniões de colaboradores do ESDE;

g) Registrar a presença dos participantes do ESDE, inclusive monitores e estagiários;

h) Gerar e distribuir aos monitores a lista de dados cadastrais dos participantes;

i) Apoiar os estagiários e monitores no contato com os participantes ausentes;

j) Levantar as razões das ausências e desistências dos participantes;

k) Gerar relatórios contendo os índices de assiduidade e pontualidade;

l) Manter a coordenação-geral informada sobre os relatórios de assiduidade, pontualidade e evasão dos participantes;

m) Administrar e controlar o uso dos recursos didáticos, tais como computador, projetor, pincéis atômicos, folhas para álbum seriado etc.;

n) Arquivar toda a documentação do ESDE.

» **Monitores/Facilitadores** (e suplentes, no que couber) – têm como função integrar a turma com a finalidade de proporcionar ambiente acolhedor para o estudo sistematizado do Espiritismo, seguindo as diretrizes pedagógicas e administrativas estabelecidas no plano de ação. Especificamente, cabe ao monitor desenvolver as seguintes ações:

a) Acolher, amparar, consolar, esclarecer e orientar os participantes em suas necessidades espirituais;

b) Incentivar, orientar e acompanhar os participantes nos trabalhos de pesquisa, notadamente na leitura prévia dos roteiros a serem estudados;

c) Acompanhar o interesse dos participantes durante as reuniões, observando os conhecimentos doutrinários por eles demonstrados em sua participação nas tarefas;

d) Coordenar as atividades estabelecidas para a turma sob sua condução, de modo a obter o melhor rendimento na execução da tarefa;

e) Planejar as atividades de confraternização de sua turma, previstas no planejamento, em comum acordo com a equipe diretiva;

f) Identificar entre os participantes os potenciais para estágio no ESDE ou integração em outras atividades da casa;

g) Orientar e acompanhar os estagiários sob sua supervisão para a participação efetiva em sala, relatando ao coordenador pedagógico avanços ou deficiências;

h) Participar efetivamente das reuniões doutrinárias, pedagógicas e setoriais, com pontualidade e assiduidade;

i) Participar de cursos, seminários, mesas-redondas, exposições especiais e demais atividades programadas;

j) Acompanhar e buscar soluções para os problemas de atrasos frequentes de participantes;

k) Acolher e repassar para a secretaria as justificativas de ausências;

l) Comunicar à secretaria quando estiver impedido de comparecer a quaisquer das atividades programadas;

m) Levar ao conhecimento da coordenação pedagógica eventuais problemas com os participantes quanto aos aspectos doutrinário, pedagógico e disciplinar, entre outros.

» **Estagiários** – têm como função auxiliar os monitores nas tarefas desenvolvidas em sala, inclusive na aplicação dos roteiros. Especificamente, cabe aos estagiários executar as seguintes ações:

a) Auxiliar o(s) monitor(es) durante as reuniões;

b) Aplicar roteiros sob a orientação do(s) monitor(es);

c) Auxiliar o monitor anotando as justificativas de eventuais atrasos e faltas informadas pelos participantes;

d) Auxiliar o monitor no acompanhamento dos participantes durante os encontros, anotando habilidades específicas do tipo: domínio da Doutrina Espírita; capacidade de se expressar e se relacionar com a turma; disposição para colaborar nas atividades extraclasse, entre outras;

e) Participar das reuniões doutrinárias, pedagógicas e setoriais, com pontualidade e assiduidade;

f) Participar de cursos, seminários, mesas-redondas, exposições especiais e demais atividades programadas.

» **Administradores de turma** — aos administradores de turma compete:

a) Coordenar a escala dos monitores suplentes que conduzirão as reuniões;

b) Acolher, amparar e consolar os participantes;

c) Incentivar, orientar e acompanhar os participantes nos trabalhos de pesquisa, notadamente na leitura prévia dos roteiros a serem estudados;

d) Acompanhar o interesse dos participantes durante as reuniões;

e) Coordenar as atividades extrarreunião da turma;

f) Planejar as atividades de confraternização de sua turma, previstas no planejamento, em comum acordo com a equipe diretiva;

g) Identificar entre os participantes os potenciais para estágio no ESDE ou integração em outras atividades da casa;

h) Participar efetivamente das reuniões doutrinárias, pedagógicas e setoriais, com pontualidade e assiduidade;

i) Participar de cursos, seminários, mesas-redondas, exposições especiais e demais atividades programadas;

j) Acompanhar e buscar soluções para os problemas de atrasos frequentes de participantes;

k) Acolher e repassar para a secretaria as justificativas de ausências;

l) Comunicar à secretaria quando estiver impedido de comparecer a quaisquer das atividades programadas;

m) Levar ao conhecimento da coordenação pedagógica eventuais problemas com os participantes quanto aos aspectos doutrinário, pedagógico e disciplinar, entre outros.

» **Participantes** – aos participantes compete:

a) Estudar previamente os roteiros;

b) Participar das atividades programadas;

c) Registrar sua presença junto a um colaborador da secretaria antes de entrar em sala;

d) Portar sempre seu crachá de identificação nas dependências da instituição espírita;

e) Comparecer às reuniões pontualmente;

f) Manter assiduidade;

g) Manter o(s) monitor(es) ou estagiário(s) informado(s) sobre o motivo de suas ausências; e

h) Apresentar resumos ou outras tarefas indicadas pelo(s) monitor(es) referentes aos roteiros desenvolvidos no(s) dia(s) de sua(s) ausência(s).

» **Colegiado** – pode ser formado pela equipe diretiva e colaboradores das diversas atividades do ESDE. Ao colegiado compete:

a) Oferecer subsídios para as decisões da equipe diretiva;

b) Realizar estudos voltados para a melhoria dos processos do ESDE;

c) Sugerir aperfeiçoamentos de estrutura e funcionamento do ESDE;

d) Apoiar nas atividades de planejamento e execução das atividades previstas no plano de ação;

e) Identificar e apresentar as necessidades e demandas dos participantes do ESDE, assim como propostas de melhorias;

f) Apoiar a equipe diretiva em outras atividades por ela propostas.

4.3. Horários

» Reuniões de estudo – todos os dia da semana, das (hora) às (hora) e das (hora) às (hora).

» Reuniões doutrinárias (conjunta com toda a área de estudo) – xº (dia da semana) de cada mês, das (hora) às (hora).

» Reuniões setoriais – xº, xº e xº (dia da semana) de cada mês, das (hora) às (hora).

» Reuniões da coordenação e do colegiado – toda (dia da semana), das (hora) às (hora).

5. Cronograma geral e funcionamento

O cronograma geral do ESDE para o primeiro semestre de (ano) apresenta a seguinte configuração:

Início das atividades: (dd) de (mês) de (ano).

Total de encontros: (número) sábados.

Encerramento: (dd) de (mês) de (ano).

As reuniões serão realizadas aos (dia da semana) em (número) turnos, com duração de (uma hora e meia ou duas) horas:

» Vespertino – das (hora) às (hora); e

» Noturno – das (hora) às (hora).

Frequência – descrever como será o acompanhamento da frequência.

6. Instrumentos de avaliação

Descrever como será a avaliação e anexar os instrumentos que serão utilizados (exemplos no Apêndice E).

7. Anexos

(do plano de ação – a título de exemplo. Outros anexos podem ser acrescentados, como os diversos instrumentos de avaliação)

Exemplo de Anexo 1 do plano de trabalho – Lista de colaboradores do ESDE-(ano)

Estudo Sistematizado da Doutrina Espírita – (ano)										
Colaborador	Data de aniversário	Função	Telefone			e-mail	Endereço			
			Residencial	Comercial	Celular					

Exemplo de Anexo 2 – Plano de estudo ESDE (ano) Fundamental I – Turma(s)

	Plano de estudo ESDE (ano) Fundamental I					
	02/03	09/03	16/03	23/03	30/03	N° Encontr.
Março	Seminário Geral: Parábola do Trigo e do Joio e o Semeador	18h30 – Abertura do Ano Letivo – Cenáculo 19h15 – 9Recepção dos participantes nas salas	Mod. I – Introdução ao estudo do Espiritismo Rot. 1 – O contexto histórico do séc. XIX na Europa	Mod. I Rot. 2 – Espiritismo ou Doutrina Espírita: conceito e objetivo	Mod. I Rot. 3 – Tríplice aspecto da Doutrina Espírita	5
	06/04	13/04	20/04	27/04		
Abril	Mod. I Rot. 4 – Pontos principais da Doutrina Espírita	Mod. II – A Codificação Espírita – Rot. 1 – Fenômenos mediúnicos que antecederam a Codificação	Mod. II Rot. 2 – Allan Kardec: o professor e o codificador	Mod. II Rot. 3 – Metodologia e critérios utilizados na Codificação Espírita		9
	04/05	11/05	18/05	25/05		
Maio	Seminário Geral: Drogas – Todas as Turmas	Mod. II Rot. 4 – Obras Básicas	Mod. III – Deus Rot. 1 – Existência de Deus e Rot. 2 – Provas da existência de Deus	Mod. III Rot. 3 – Atributos da Divindade		13
	01/06	08/06	15/06	22/06	29/06	
Junho	Confraternização – Fundamental I – Turmas N13, N14, N15 e N16	Mod. III Rot. 4 – A Providência divina/ Avaliações atitudinais	Mod. IV – Existência e sobrevivência do Espírito – Rot. 2 – Origem e natureza do Espírito	Visita ao Guillon – Turmas N13, N14, N15, N16, T3 e T4 Mod. IV – Rot. 1 – Perispírito: conceito	Avaliação de conteúdo	18
	06/07					
Julho	Debate Geral – Tema a Definir Sábados próximos a feriados					

Exemplo de Anexo 3 – Cronograma das reuniões de caráter pedagógico-doutrinário do (1º ou 2º) semestre de (ano) – realizadas em conjunto por toda a Área de Estudo.

DATA	TIPO	ASSUNTO	OBJETIVOS	RESPONSÁVEL
2/3	Setorial	Administrativa	Informar sobre as atividades da instituição e do Movimento Espírita.	Coordenação
9/3	Doutrinária	Acolher, consolar, esclarecer, orientar	Decidir sobre andamento das atividades.	EEM
16/3	Setorial Pedagógica	1º encontro: Metodologia para condução de grupos de estudos	Despertar no trabalhador espírita a importância da vivência do Evangelho de Jesus, seguindo seu exemplo, na recepção e nos trabalhos em nossa casa.	ESDE
23/3	Setorial Doutrinária	O princípio inteligente e sua evolução – Espíritos elementais	Identificar tipos de atividades de grupo adequadas ao ESDE.	DIJ
30/3	Livre		Adaptar atividades de grupo conforme o conteúdo e perfil da turma.	
6/4	Setorial	Administrativa	Explicar a evolução do princípio inteligente.	Coordenação
13/4	Doutrinária	Teorias sobre a origem e formação do Espírito		EOB
20/4	Setorial Pedagógica	2º encontro: Matéria, espírito e fluidos – como dar uma aula sobre o tema	Informar sobre as atividades da instituição e do Movimento Espírita.	EEM
27/4	Setorial Doutrinária	Transição planetária e Desastres coletivos	Decidir sobre andamento das atividades.	ESDE
4/5	Setorial	Administrativa	Analisar as principais teorias sobre a origem e formação do Espírito, consolidando o conhecimento com base nas Obras da Codificação.	Coordenação
11/5	Doutrinária	Mediunidade na tarefa espírita	Apresentar aula modelo para o conteúdo matéria, espírito e fluidos.	EOB
18/5	Setorial Pedagógica	3º Encontro:	Relacionar os temas com os conceitos doutrinários.	

ANEXO A

COMO ORGANIZAR UMA SALA DE CONSULTA BIBLIOGRÁFICA E APOIO

A Instituição poderá montar uma sala de leitura para atender a toda a área de estudo, envolvendo o DIJ, ESDE, Obras Básicas etc. No documento abaixo, onde se lê "biblioteca", pode-se entender "sala de leitura" ou "espaço de leitura e pesquisa", caso seja decidido pela não formação de uma biblioteca que exige a presença de bibliotecário responsável.

Biblioteca espírita: organizar para quê?[1]

A Instituição Espírita que você frequenta tem biblioteca?

Se a resposta for "sim", excelente. Leia este artigo e receba algumas sugestões de como dinamizá-la.

Caso a resposta seja "não", não deixe de ler as linhas abaixo para saber como organizar e implantar uma biblioteca em sua Casa Espírita.[2]

A primeira recomendação é: não faça o trabalho sozinho. Forme uma equipe de trabalho interessada no assunto. Procure ajuda entre os integrantes da Juventude e do Estudo Sistematizado.

---

1 N.E.: Artigo publicado originariamente em *Reformador*, set. 1998, p. 284-287.
2 N.E.: As sugestões contidas nesta seção estão baseadas na publicação de Geraldo Campetti Sobrinho, *Biblioteca espírita:* princípios e técnicas de organização e funcionamento, (FEB Editora).

1. Composição do acervo

Acervo é o conjunto de documentos que constituem uma biblioteca. Os documentos mais comuns de uma biblioteca são os livros, folhetos/opúsculos e os periódicos.

O *livro* é um conjunto de folhas impressas e reunidas em volume encadernado ou em brochura.

Folheto é uma publicação não periódica de poucas páginas (no máximo 48, excluídas as capas).

Periódico é uma publicação editada em série contínua, sob um mesmo título, a intervalos regulares ou irregulares, por tempo indeterminado, numerada ou datada consecutivamente. Os periódicos mais comuns são os jornais e as revistas.

2. Seleção

Por se tratar de uma biblioteca espírita, os documentos que farão parte de seu acervo deverão ser previamente selecionados com base em alguns critérios. A título de sugestão, recomendamos que as obras:

» Fundamentem-se nos princípios básicos da Doutrina Espírita;

» Sejam mediúnicas ou escritas por estudiosos do Espiritismo;

» Abordem isolada ou simultaneamente os aspectos científico, filosófico e religioso da Doutrina;

» Propiciem o conhecimento da realidade espiritual;

» Apresentem esclarecimentos à luz do Espiritismo sobre variados assuntos que preocupam o homem;

» Despertem nos leitores o interesse pela reforma íntima;

» Registrem a história do Movimento Espírita no Brasil e no mundo.

A seleção não objetiva estabelecer uma censura, mas adequar os documentos à especialidade do acervo e às necessidades dos leitores/usuários.

3. Aquisição

Para adquirir documentos bibliográficos, três procedimentos são, geralmente, utilizados: compra, doação e permuta.

É importante que a biblioteca mantenha um catálogo atualizado com os dados e as instituições que comercializam livros e periódicos, como editoras, livrarias e distribuidoras, para contato e recebimento de materiais de divulgação sobre os títulos existentes e os novos lançamentos no mercado.

3.1. Compra

A compra restringir-se-á aos livros selecionados para composição do acervo.

É imprescindível que o trabalho seja desenvolvido com o aval da diretoria da Instituição, pois assim, além de estar integrado às demais atividades, contará com o apoio do presidente e demais diretores da Casa Espírita.

Por isso, se houver alguma verba para dar o primeiro passo, ela deverá ser bem empregada. Os distribuidores e algumas livrarias fazem descontos de até 30% sobre o valor de venda, o que diminui os custos e facilita a aquisição do material de interesse.

Procure adquirir alguns exemplares (de dois a três, conforme a demanda) dos livros que poderão ser mais procurados pelos usuários.

Os livros e folhetos adquiridos deverão ser conferidos com a nota fiscal de compra, sendo necessária uma rápida avaliação do estado geral da obra em termos da qualidade de impressão e acabamento. Obras danificadas devem ser trocadas pelo vendedor.

A aquisição de periódicos por compra é realizada mediante assinatura do título do periódico por determinado período. O usual é que a assinatura seja efetuada pelo prazo de um ano.

3.2. Doação

A doação é a forma de aquisição mais fácil e que melhores resultados pode apresentar no curto prazo. Portanto, mãos à obra. Se você vai organizar uma biblioteca, promova campanhas de doação entre os frequentadores/colaboradores da Instituição, seja de livros e periódicos novos ou já usados. Um contato com outras Instituições pode ensejar a aquisição de documentos por doação. Porém, não se esqueça: os documentos doados só serão incorporados ao acervo da biblioteca após prévia seleção.

No processo de doação, pode-se receber muita coisa boa, mas também pode ocorrer — o que é bem provável — de se receberem livros e periódicos que não interessam ao acervo.

3.3. Permuta

A permuta é a troca de documentos em duplicata entre uma instituição e outra. Esse procedimento ocorre com frequência entre bibliotecas já estruturadas de instituições não espíritas. Relacionam-se em lista de duplicatas os documentos que não são de interesse para a instituição e, por um sistema de mala direta, ou algo similar, encaminha-se a lista a outras instituições, que poderão requisitar, dentre os relacionados, os documentos de seu interesse. É uma saudável forma de enriquecimento dos acervos, na medida em que as instituições conseguem organizar suas bibliotecas e estabelecer intercâmbio entre si.

4. Organização

O que e como fazer para organizar os documentos de uma biblioteca?

A segunda recomendação é: não perca a calma antes de iniciar o trabalho, nem depois de iniciado.

4.1. Periódicos

Comece a organização pelos periódicos. Separe os periódicos (jornais e revistas, principalmente) dos livros e folhetos. Deixe estes últimos de lado e esqueça-os temporariamente.

Vamos, então, organizar os documentos passo a passo:

1º – Separe cada periódico por título;

2º – Ordene cada título cronologicamente (conforme a periodicidade: semanal, quinzenal, mensal, bimestral, trimestral, quadrimestral, semestral e anual) em ordem crescente;

3º – Carimbe cada fascículo com a identificação da biblioteca. Para isso, providencie um carimbo que contenha o nome da Instituição e a palavra biblioteca; Ex.: FEB – BIBLIOTECA.

4º – Registre os periódicos em ficha específica apropriada para o controle dos fascículos que a biblioteca já possui e dos outros que vão chegando com o tempo. Essa ficha deve conter os dados do periódico, como: título; nome, endereço e telefone da editora; periodicidade, forma de aquisição e espaços adequados para a anotação de cada fascículo.

5º – Arquive os periódicos nas estantes por título, sempre da esquerda para a direita, prateleira por prateleira, até passar para outra estante, quando necessário. Reserve um espaço de um título para outro, prevendo o provável crescimento do acervo. Caso necessário, utilize porta-revistas ou caixas bibliográficas e bibliocantos para armazenagem e apoio dos documentos.

Pronto! A organização dos periódicos está concluída, ou melhor, iniciada. Agora, é só mantê-la e estar atento aos novos lançamentos.

4.2. Livros

Os livros e folhetos são os documentos mais comuns de uma biblioteca, representando, assim, a maior parte de seu acervo.

Para organizar esses documentos, são necessários alguns passos que facilitam a execução do trabalho.

1º – Carimbo de identificação: carimbe com a identificação da biblioteca (mesmo carimbo já usado para os periódicos) o livro em seu corte — parte oposta à lombada — e em algumas páginas predeterminadas, como a primeira e a última, além do rosto.

2º – Registro: registre cada exemplar por meio da afixação de carimbo apropriado no verso da folha de rosto. Os números devem ser anotados em ordem crescente em cada ano. Em novo ano, reinicia-se a numeração. Outra opção é prosseguir com a numeração indefinidamente. Ex.:

>FEB/DIJ
>BIBLIOTECA
>Número:
>Data:___/___/___

O registro, também conhecido como tombamento, assegura o livro como propriedade da biblioteca, conferindo individualidade a cada exemplar. Para facilitar o seu entendimento, imagine que você estivesse fazendo o levantamento patrimonial de uma instituição. A ideia é a mesma, pois o livro se torna patrimônio da Instituição Espírita. Mais ou menos assim: este livro pertence à biblioteca. Entendeu?

A terceira recomendação é: se possível, conte com a ajuda de um bibliotecário ou de um auxiliar de biblioteca. Caso contrário, conte com você mesmo. Não desista.

3º – Classificação: considerando a variedade de assuntos abordados na extensa literatura espírita, que já ultrapassa dois mil títulos, optamos por fazer uma classificação decimal distinta das tradicionais Classificação Decimal de Dewey e Classificação Decimal Universal, que não atendem às especificidades da literatura espírita.

Desenvolvemos, assim, em colaboração com especialistas nas áreas de Ciência da Informação e de Informática, a Classificação Decimal Espírita (CDE), que obedece aos critérios: assunto (arte, biografia, ciência, educação, filosofia, história e religião) e tipologia (conto/crônica, mensagem, poema, romance, referência, obras de Kardec, Série André Luiz, infantil e outros idiomas).

A estrutura da CDE é composta pelos elementos:

» Código numérico;

» Iniciais de autor e título;

» Ano (quando necessário para diferenciação);

» Número do volume (quando for o caso); e

» Número do exemplar.

Cada elemento acima enumerado tem uma função específica na classificação de um livro e deve ser registrado na sequência apresentada. Vale lembrar que os periódicos não serão classificados por assunto, mas apenas ordenados alfabeticamente por seus títulos.

O código numérico é constituído de seis dígitos, separados, a cada dois, por ponto. Ex.: 00.00.00.

As iniciais de autor e título são letras indicativas do nome do autor (duas letras em caixa alta; ex.: AK, para Allan Kardec) e do título do documento (duas letras em caixa baixa das palavras mais significativas do título; ex.: le, para *O livro dos espíritos*).

O ano só constará da classificação para documentos como relatórios, regimentos, regulamentos e estatutos referentes aos trabalhos de uma Instituição, pois, nesses casos, ele será o único elemento diferenciador. Ex.: 1998.

O número do volume será exclusivo para as publicações em mais de um volume. Ex.: v.1, v.2, v.3, etc.

O número do exemplar será indicado para todos os livros e folhetos, independentemente da quantidade de exemplares que a biblioteca possua de determinado título. Ex.: e.1, e.2, e.3, etc.

Vamos conhecer, então, a CDE, cujas classes estão desenvolvidas no livro *Biblioteca espírita*.

   00.00.00 GENERALIDADE

   10.00.00 FILOSOFIA

   20.00.00 RELIGIÃO

   30.00.00 CIÊNCIA

   40.00.00 EVENTO

   50.00.00 MOVIMENTO ESPÍRITA

   60.00.00 EDUCAÇÃO

   70.00.00 ARTE. COMUNICAÇÃO

   80.00.00 LITERATURA

   90.00.00 HISTÓRIA. BIOGRAFIA

4º – Catalogação: catalogar um livro ou folheto é fazer a anotação de alguns dados importantes para a descrição física do documento, tais como nome do autor, título da obra, subtítulo (se houver), nome do autor espiritual (para as obras mediúnicas), número da edição, local de publicação, editora, ano de publicação, número de páginas e assunto geral extraído da CDE.

Abaixo, citamos dois exemplos de fichas catalográficas para facilitar a visualização de como elas devem ser preparadas.

Ex.: 1: Obra não mediúnica

30.00.00	Kühl, Eurípedes.
EK ge	Genética e espiritismo. 2. ed,
	Rio de Janeiro: FEB, 1997.
	158p.
	CIÊNCIA

Ex.: 2: Obra mediúnica

1.2.	Franco, Divaldo P.
DFtl	Trilhas da libertação. Pelo Espírito Manoel P. de Miranda. 4. ed. Rio de Janeiro: FEB, 1998.
	328p.
	ROMANCE

A catalogação possibilita a organização dos catálogos da biblioteca para o acesso às informações relativas ao autor (ficha principal), ao autor espiritual, ao título da obra e ao assunto (fichas secundárias, simples desdobramentos das fichas principais). Para cada tipo de catálogo, é conveniente a preparação de um fichário específico, que deverá ser ordenado alfabeticamente.

5º – Etiquetação: antes de arquivarmos o livro na estante, é necessário etiquetá-lo, isto é, colar na parte inferior da lombada um etiqueta, de preferência autoadesiva, com a classificação. Ex.:

00.06.01
AK le
e.1

Essa etiqueta representa o endereço do documento na estante, possibilitando a sua localização e reposição, após o uso, no devido lugar.

6º – Arquivamento: os livros e folhetos serão arquivados nas estantes de acordo com a ordem numérica das classes, observando-se a sequência estabelecida na classificação.

Aqui também é conveniente reservar um espaço em cada prateleira, a fim de se prever a possível ampliação do acervo.

5. Consulta, empréstimo e divulgação

O trabalho de organização de uma biblioteca é realizado com vistas à utilização de seu acervo. Não há sentido algum em manter os documentos impecavelmente arrumados se eles não têm utilidade.

A razão da existência de uma biblioteca é oferecer apoio às atividades que são desenvolvidas na Instituição Espírita, como evangelização infantojuvenil, estudo sistematizado, estudo do Esperanto, estudo e educação da mediunidade, pesquisas ou mesmo a simples leitura de um livro por prazer.

Uma pessoa procura a biblioteca pela necessidade de encontrar alguma informação de seu interesse, seja para consultar um documento no local ou levá-lo emprestado.

Em ambos os casos, a biblioteca precisa dispor dos recursos necessários para o bom atendimento ao usuário: pessoas habilitadas, um bom acervo, espaço físico e mobiliário adequados, serviços e produtos satisfatórios.

Não se consegue, de imediato, atingir o nível ideal para o trabalho de uma biblioteca. É preciso ter paciência, perseverança e preparação para o desenvolvimento das atividades.

Os usuários utilizarão o acervo da biblioteca *in loco* ou levarão emprestado(s) o(s) documento(s) de interesse. No caso do empréstimo, deve-se cadastrar o usuário, a fim de habilitá-lo ao uso dos serviços que a biblioteca oferece.

Um regulamento estabelecerá o horário de funcionamento da biblioteca, bem como as normas para acesso e uso do acervo, incluindo o empréstimo.

A literatura moderna no campo da Ciência da Informação enfatiza a questão da biblioteca sem paredes, da biblioteca virtual, da biblioteca sem papel. Essa área está passando por uma fase de transição, como a própria sociedade e as diversas profissões que precisam adaptar-se às rápidas mudanças ocorridas, principalmente, em decorrência dos avanços científicos e tecnológicos, que têm provocado uma verdadeira revolução nos costumes humanos.

A biblioteca não pode e não deve, até como condição de sua sobrevivência, permanecer fechada em seu reduto, isolada dos demais setores da Instituição. Ela necessita "sair de seu próprio ambiente", indo ao encontro das necessidades dos usuários, e não ficar à espera de que o consulente venha procurar a biblioteca.

Para isso, há duas formas de atuação relacionadas aos serviços e produtos que a biblioteca pode oferecer.

Quanto aos serviços, promoção de atividades de extensão (desenvolvidas pela biblioteca fora de sua sede), tais como a utilização de caixa-estante e carro-biblioteca, modalidades de biblioteca ambulante.

Quanto aos produtos, há que se preocupar com a elaboração de instrumentos de divulgação do acervo, tais como: novas aquisições, leitura selecionada e sumários correntes.

6. Informatização

Todo o trabalho de organização anteriormente descrito pode ser realizado utilizando-se os modernos recursos da informática. Aliás, a informatização tem exercido grande influência no funcionamento das bibliotecas e nos serviços de informação.

Os principais benefícios da introdução dos computadores nas bibliotecas têm sido a padronização, o aumento da eficiência, a cooperação entre instituições, a prestação de melhores serviços e apresentação de produtos de boa qualidade.

Os serviços de empréstimo, com o controle da circulação dos livros e periódicos, podem ser executados por sistemas adequados.

O registro e a indexação dos documentos em bases de dados informatizados facilita a recuperação de informações.

O funcionamento em rede (intranet ou Internet) é um dos meios para acesso e recuperação de informações que mais tem crescido atualmente.

As Instituições Espíritas, de um modo geral, não podem ficar à margem desse processo irreversível de informatização de produtos e serviços. E, naturalmente, pelo fato de ser uma área que trabalha com a informação, a biblioteca precisa estar inserida nesse contexto.

7. Conclusão

Uma biblioteca bem organizada pode prestar relevantes serviços à Instituição Espírita. Dentre os benefícios, destacamos a divulgação do Espiritismo, a formação do hábito de leitura em crianças e jovens e a promoção da reforma íntima pelo conhecimento da Doutrina.

Informações mais detalhadas sobre os assuntos aqui abordados de forma sumária podem ser encontradas na obra citada anteriormente. Porém, esperamos que a pergunta formulada no subtítulo desta seção tenha sido respondida. A pessoa mais indicada para fazer essa avaliação é você, amigo leitor.

REFERÊNCIAS

ALBIGENOR & MILITÃO. *Jogos, dinâmicas & vivências grupais* – Como desenvolver sua melhor "técnica" em atividades grupais. Rio de Janeiro: Qualitymark, 2000.

AZEVEDO BORGES, G. L. *Multimeios na educação superior*: aspectos referentes à seleção e utilização de recursos em salas de aula. Instituto de Biociências — Campus de Botucatu, UNESP, 1999.

CAMPETTI SOBRINHO, Geraldo. *Biblioteca espírita*: princípios e técnicas de organização e funcionamento. Brasília: FEB, 2013.

KARDEC, Allan. *Revista espírita*. Trad. de Evandro Noleto Bezerra. Ano VIII, n. 2, fev. 1865. Rio de Janeiro: FEB, 2009a.

_____. *Obras póstumas*. Trad. de Guillon Ribeiro. 1. ed. Rio de Janeiro: FEB, 2009b.

_____. *O evangelho segundo o espiritismo*. Trad. de Guillon Ribeiro. 131. ed. Edição histórica. Brasília: FEB, 2013c.

_____. *A gênese*. Trad. de Guillon Ribeiro. 93. ed. Brasília: FEB, 2013a.

_____. *O livro dos espíritos*. Trad. de Guillon Ribeiro. 53. ed. Edição histórica. Brasília: FEB, 2013b.

M. BEAL, George; BOHLEN, Joe M.; RAUDABAUGH, J. Neil. *Liderança e dinâmica de grupo*. São Paulo: Zahar Editores, 1962.

MINICUCCI, Agostinho. *Dinâmica de grupo* — Treinamento e evolução em grupo. 5, ed. São Paulo: Atlas, 2002.

XAVIER, Francisco Cândido. *Pão nosso*. Pelo Espírito Emmanuel. 1. ed. Brasília: FEB, 2012.

_____. *Fonte viva*. Pelo Espírito Emmanuel. 1. ed. Brasília: FEB, 2013a.

_____. *Correio fraterno*. Autores diversos. 6. ed. Rio de Janeiro: FEB, 2010.

_____. *Palavras de Emmanuel*. Autores diversos. 11. ed. Brasília: FEB, 2013b.

Edições de Orientação ao Estudo Sistematizado da Doutrina Espírita

EDIÇÃO	IMPRESSÃO	ANO	TIRAGEM	FORMATO
1	1	2014	2.000	17x25
2	1	2015	2.000	17x25
2	IPT*	2022	IPT*	17x25
2	IPT*	2023	IPT	17x25

*Impressão pequenas tiragens

O LIVRO ESPÍRITA

Cada livro edificante é porta libertadora.

O livro espírita, entretanto, emancipa a alma nos fundamentos da vida.

O livro científico livra da incultura; o livro espírita livra da crueldade, para que os louros intelectuais não se desregrem na delinquência.

O livro filosófico livra do preconceito; o livro espírita livra da divagação delirante, a fim de que a elucidação não se converta em palavras inúteis.

O livro piedoso livra do desespero; o livro espírita livra da superstição, para que a fé não se abastarde em fanatismo.

O livro jurídico livra da injustiça; o livro espírita livra da parcialidade, a fim de que o direito não se faça instrumento da opressão.

O livro técnico livra da insipiência; o livro espírita livra da vaidade, para que a especialização não seja manejada em prejuízo dos outros.

O livro de agricultura livra do primitivismo; o livro espírita livra da ambição desvairada, a fim de que o trabalho da gleba não se envileça.

O livro de regras sociais livra da rudeza de trato; o livro espírita livra da irresponsabilidade que, muitas vezes, transfigura o lar em atormentado reduto de sofrimento.

O livro de consolo livra da aflição; o livro espírita livra do êxtase inerte, para que o reconforto não se acomode em preguiça.

O livro de informações livra do atraso; o livro espírita livra do tempo perdido, a fim de que a hora vazia não nos arraste à queda em dívidas escabrosas.

Amparemos o livro respeitável, que é luz de hoje; no entanto, auxiliemos e divulguemos, quanto nos seja possível, o livro espírita, que é luz de hoje, amanhã e sempre.

O livro nobre livra da ignorância, mas o livro espírita livra da ignorância e livra do mal.

Emmanuel[1]

---

1 Página recebida pelo médium Francisco Cândido Xavier, em reunião pública da Comunhão Espírita Cristã, na noite de 25 de fevereiro de 1963, em Uberaba (MG), e transcrita em *Reformador*, abr. 1963, p. 9.

www.febeditora.com.br
/febeditora /febeditoraoficial /febeditora

Conselho Editorial:
Jorge Godinho Barreto Nery – Presidente
Geraldo Campetti Sobrinho – Coord. Editorial
Cirne Ferreira de Araújo
Evandro Noleto Bezerra
Maria de Lourdes Pereira de Oliveira
Marta Antunes de Oliveira de Moura
Miriam Lúcia Herrera Masotti Dusi

Produção Editorial:
Elizabete de Jesus Moreira

Elaboração de conteúdo:
Iracema Fernandes Morais
Maria do Socorro de Sousa Rodrigues
Marlene Gonçalves de Oliveira
Martha Regina de Melo
Sônia Maria Arruda Fonseca

Revisão:
Carlos Roberto Campetti

Capa:
Luisa Jannuzzi Fonseca
Rones José Silvano de Lima – instagram.com/bookebooks_designer

Projeto Gráfico
Luciano Carneiro de Holanda
Luisa Jannuzzi Fonseca

Diagramação:
Rones José Silvano de Lima – instagram.com/bookebooks_designer

Foto de capa:
Rones José Silvano de Lima

Normalização Técnica:
Biblioteca de Obras Raras e Documentos Patrimoniais do Livro

Esta edição foi impressa no sistema de Impressão pequenas tiragens, em formato fechado de 170x250 mm e com mancha de 130x205 mm. Os papéis utilizados foram o Off set 75 g/m² para o miolo e o Cartão 250 g/m² para a capa. O texto principal foi composto em fonte Minion Pro 11,5/14,5 e os títulos em Zurich Cn BT 22/26,4. Impresso no Brasil. *Presita en Brazilo.*